从阅读到悦读

——基于统编版小学语文教材开展
延伸式阅读教学的探究

马宇萍 主编

上海大学出版社
·上海·

图书在版编目(CIP)数据

从阅读到悦读：基于统编版小学语文教材开展延伸式阅读教学的探究 / 马宇萍主编. —上海：上海大学出版社，2022.10
ISBN 978-7-5671-4543-6

Ⅰ.①从… Ⅱ.①马… Ⅲ.①阅读课—教学研究—小学 Ⅳ.①G623.232

中国版本图书馆CIP数据核字(2022)第184718号

责任编辑　石伟丽
封面设计　缪炎栩
技术编辑　金　鑫　钱宇坤

从阅读到悦读
——基于统编版小学语文教材开展延伸式阅读教学的探究
马宇萍　主编
上海大学出版社出版发行
(上海市上大路99号　邮政编码200444)
(https://www.shupress.cn　发行热线 021-66135112)
出版人　戴骏豪

*

南京展望文化发展有限公司排版
上海普顺印刷包装有限公司印刷　各地新华书店经销
开本 710mm×1000mm　1/16　印张 8　字数 90千字
2022年10月第1版　2022年10月第1次印刷
ISBN 978-7-5671-4543-6/G·3465　定价　55.00元

版权所有　侵权必究
如发现本书有印装质量问题请与印刷厂质量科联系
联系电话：021-36522998

目录 CONTENTS

基于统编版小学语文教材开展延伸式阅读教学的探究
　　——写在前面
　　　………… 上海市浦东新区明珠森兰小学　马宇萍　001

以"快乐读书吧"为抓手,探索延伸式阅读教学
　　——以统编版《语文》五年级上册第三单元为例
　　　………… 上海市浦东新区明珠森兰小学　马宇萍　021

提问阅读策略在小学高年段语文延伸式阅读中的实践应用
　　　………… 上海市浦东新区明珠森兰小学　陆　昕　032

习得预测策略,用于延伸阅读
　　　………… 上海市浦东新区明珠森兰小学　李　莉　040

延伸式阅读教学方法研究
　　——以统编版《语文》五年级上册"快乐读书吧"为抓手
　　　………… 上海市浦东新区明珠森兰小学　赵依婷　049

依托预测单元　推进学生延伸式阅读
　　——以统编版《语文》三年级上册第四单元为例
　　　　…………………… 上海市浦东新区明珠森兰小学　任志萍　058

巧借教材，探索小学语文延伸式阅读教学
　　——以统编版《语文》五年级上册第四单元为例
　　　　…………………… 上海市浦东新区明珠森兰小学　李佳芸　066

和大人一起读
　　——有效开展一年级语文延伸式阅读教学
　　　　…………………… 上海市浦东新区明珠森兰小学　肖晓华　075

巧用"阅读链接"，优化延伸式阅读教学
　　——以统编版《语文》四年级上册为例
　　　　…………………… 上海市浦东新区明珠森兰小学　胡伊阳　085

延伸阅读，轻叩童话的大门
　　——以统编版二年级语文教材为例
　　　　…………………… 上海市浦东新区明珠森兰小学　冯佳慧　095

小学语文延伸式阅读教学的建设路径
　　　　…………………… 上海市浦东新区明珠森兰小学　邱　瑜　101

小学高年级延伸式阅读的思辨引导
　　　　…………………… 上海市浦东新区明珠森兰小学　蔡敏吉　107

小学语文课内阅读向课外阅读有效延伸的探索与实践
　　　　…………………… 上海市浦东新区明珠森兰小学　顾思语　114

基于统编版小学语文教材开展延伸式阅读教学的探究

——写在前面

上海市浦东新区明珠森兰小学　马宇萍

一、研究的背景和意义

阅读，是中小学语文课程中最重要的学习领域，是学生获取知识和信息的主要渠道，也是学生陶冶情操、提升自身综合素质的有效途径。通过阅读，学生不仅能丰富语言积累，还可以了解与感知这个世界，然而阅读内容如果仅限于语文教材，对提高学生的阅读能力只是杯水车薪，因此十分有必要开展延伸式阅读。

阅读还关系到语文以外的其他学科的学习，比如在数学学习的过程中，有的学生因为读不懂题目意思导致回答错误。可见，阅读能力是学生必备的能力。学生的阅读能力，除了受学生个体天赋和悟性影响，还需要阅读积累和教师得法的指导。其中最重要的是阅读积累，因为没有阅读积累，其他两项是不能发挥作用的。并且，丰富的阅读积累能够对其他两项形成补充。也就是说，阅读能力主要来源于阅读积累。

此外,《义务教育语文课程标准(2022年版)》(以下简称《课程标准》)中对小学第二学段(3—4年级)阅读教学目标和内容的要求是:养成读书看报的习惯,收藏图书资料,乐于与同学交流,课外阅读量不少于40万字;对第三学段(5—6年级)的要求则是:扩展阅读面,课外阅读总量不少于100万字。根据《课程标准》要求,语文阅读意在丰富和扩展学生的人生经验,引导学生逐步形成积极的人生态度和正确的价值观,与此同时培植学生热爱祖国语言文字的情感,发展学生的语言能力和思维能力。如何让学生的阅读量达到《课程标准》的要求呢?

我们通过对教育部统编小学语文教材(以下简称统编版语文教材)的梳理和研究发现,其尤其重视阅读,从三年级开始每册教材都安排了阅读策略单元,让学生通过精读课文学方法到略读课文用方法,逐渐掌握阅读的方法。同时每册教材都安排了"快乐读书吧"这一板块,意图让课外阅读课内化,让整本书阅读课程化,使课外阅读有目的、有计划、有方法、有步骤地进行。

统编版语文教材主编温儒敏倡导教师构建"1+N"阅读教学体系,将"1"(课内阅读)与"N"(课外阅读)有机结合,通过大量阅读提高学生的阅读水平、语文能力,提升核心素养。"1+N"阅读教学体系从教材出发,对教材内容进行延伸与扩展,为学生提供更加广阔的阅读资源。但是在现实教学中,我们会发现,课外阅读很多时候是学生自主选择的阅读,与课内阅读最大的不同是:课外阅读充分体现学生的自主性,教师会为学生推荐课外阅读的作品,但也仅限于推荐,而非强制。对于学生阅读是否持续进行,无从知晓。

为了切实有效地帮助学生提升阅读素养和能力,为其成为终身阅读者打下牢固的基础,上海市浦东新区明珠森兰小学依托温儒敏提出的"1＋N"阅读教学理念,提出了"延伸式阅读教学"的概念,即注重阅读策略的迁移和运用,立足课内文本阅读,学习阅读策略,并将课内所学的方法延伸至课本之外的文章或者书籍阅读中,让课内习得的方法真正地学以致用。

二、延伸式阅读的概述

何谓延伸式阅读？它和整本书阅读、拓展阅读有什么区别和联系呢？

整本书阅读的概念,最早出现在叶圣陶的《论中学国文课程的改订》一文中:"国文教材似乎该用整本的书,而不该用单篇短篇……退一步说,也该把整本的书作为主体,把单篇短章作辅佐。"[①]伴随着统编版语文教材的使用,"整本书阅读"也成了一个热词,整本书阅读教学是基础教育界近年来的研究热点。关于"整本书阅读"的概念,大多数研究者认为它是整本的文学经典的阅读。有研究者认为,语文课堂中所说的整本书阅读,"是内嵌于语文课程中、作为一种正式学习活动的整本书阅读"[②]。

《课程标准》中明确指出,要让学生"阅读整本书"。整本书阅读是学生在语文课程的学习中,运用个性化的阅读方法、围绕整部经典作品展开的,与作者、文本、教师、同伴对话的过程。通过语文学习培养学生的语言能力和理解能力。

---

① 叶圣陶:《论中学国文课程的改订》,《民国国文教学研究文丛(论争卷:1912—1949)》,语文出版社2015年版,第41页。

② 徐鹏:《整本书阅读:内涵、价值与挑战》,《中学语文教学》2017年第1期,第5页。

"拓展阅读"是指以语文教材为中心,向周边辐射,进行课外阅读,课外对课内知识进行强化、拓展。同步拓展阅读的内容广泛丰富,同体裁的、同作者的、同写作对象的、同表现主题的、同写作风格的、同修辞手法的,同步拓展性阅读的实施主要是以课文为中心,向课外的阅读材料辐射,从而达到以一篇带多篇、以课内带课外、以精读带博读,不断开阔学生视野、丰富语言积累的目的。

　　"延伸式阅读"倡导"1+N+∞"。"整本书阅读"和"拓展阅读"都比较侧重于"1"和"N"的实施,对"∞"即研究学生从深度阅读到丰富的阅读活动进行阅读体验的文章较少。统编版语文教材每册都安排了阅读策略单元。所谓的阅读策略,就是阅读的方法。这些阅读的方法,对于学生以后的自主阅读有很大的帮助。我们希望通过延伸式阅读教学的研究,唤起学生阅读的兴趣,教给学生阅读的技巧,引导学生跨越阅读障碍,逐步形成关键的阅读能力,养成良好的阅读习惯,成为积极主动的阅读者。所以,本研究在落实"课内文本阅读教学"和"推荐课外阅读书目"两个板块的同时,将"课外阅读"的内容无限延伸,以各年段分类推荐书单为载体,选取符合年段目标的阅读策略进行实践,并将课内所学的方法延伸至课本之外的文章或者书籍阅读中,并通过形式多样的阅读展示活动反馈学生阅读成果,让课内习得的阅读方法真正学以致用,学生通过阅读认识世界、发展思维、获得审美体验,提升语文素养。

三、延伸式阅读教学研究的原则和内容

(一)延伸式阅读教学的原则

　　怎样进行延伸式阅读教学才有利于学生语文素养的提高呢?

应遵循以下几个原则:

1. 以学生为本原则

教学的根本目的和价值就是为了学生的发展,任何形式、内容的教学都是如此,延伸式阅读教学也不例外。所以,教学内容的选择首先要遵循以学生为本的原则。所谓以学生为本,就是考虑学生的年龄特点、接受能力、心理状况、兴趣爱好以及个体差异等。因此,在延伸式阅读教学中,教师为不同学生所推荐和选择的作品应该是不一样的。但是小学阶段主要的教学形式是班级授课,完全的"一对一"显然没有可操作性,因此在拓展阅读中,教师为学生推荐作品应该是一个"大圈",即教师所列作品应该具备一定数量,再由学生根据个人情况在"大圈"之内自行选择一些作品进行阅读。同时,在教学的过程中,要对所涉作品的大致情节和创作背景做出交待,这样既能照顾到学生的个性化阅读,也能保证统一授课的可操作性。

2. 以教材为依托原则

"以教材为依托",也就是说,延伸式阅读教学所选作品应该是对教材作品的补充、强化和超越。延伸式阅读不仅要构成对课内阅读的补充,还需有所超越。也就是说,延伸式阅读要以课内阅读为基础,但不能以教材文本为局限。因为无论是课内阅读还是延伸式阅读,最根本的目的在于提升学生的语文素养和语言运用能力。

3. 灵活性原则

上文谈到了延伸式阅读在作品选择上应该以教材作品为基础,同时要在这个基础上有所超越。那么超越的部分就应适用灵活性原则了。所谓灵活性,是指延伸式阅读的作品不一定非要与教材作品有内容上的直接联系。比如,《草船借箭》和《三国演义》就在内容上有直接联系,而延伸式阅读不一定以此为限。教材选录《草船借箭》意在让学生通过课文的学习,初步学习阅读古典名著的方法。我们在进行延伸式阅读教学的过程中,可以将这种阅读方法延伸运用到其他古典名著的阅读中。这样既能够体现教材作品的基础性,又可以体现延伸式阅读的超越性。

(二)延伸式阅读教学研究的内容

延伸式阅读教学该如何进行呢?我们首先要明确延伸式阅读的内容。为了让延伸式阅读教学切实有效地实施,我们确立了如下研究内容:

1. 建立"延伸式阅读"框架体系

首先,"延伸式阅读"注重阅读策略的迁移和运用,立足统编版语文教材,构建"1+N+∞"的阅读体系,以"1"为基础,夯实课内文本教学与阅读策略指导;其次,以"N"为踏板,根据不同年级不同单元的要求,精选课外推荐阅读书目;最后,以"∞"为目的,通过丰富的阅读活动,展示阅读成果,将阅读的快乐无限延伸。基于以上研究内容,设计延伸式阅读框架体系结构图(如图1所示),以此来统领整个研究方向。

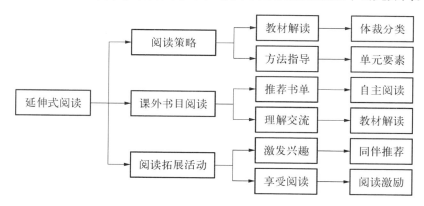

图1 延伸式阅读框架体系结构图

2. 深入研读统编版语文教材,梳理出系统的阅读书目

根据"延伸式阅读"的实施设想,从1—5年级每一册教材中选取最适合学生年龄段特征和学习能力的阅读策略,并推荐课外阅读书目,给学生相应的时间来阅读推荐书目,最后分年段进行成果展示。表1为阅读策略、推荐书目与成果展示的初步设想。

表1 统编小学语文阅读策略、推荐书目与成果展示汇总表

教材	阅读策略	推荐书目	阅读成果展现形式
一年级上册	借助读物中的图画阅读	《拔萝卜》《小巴掌童话》《爱书的孩子》《猴子捞月亮》《彼得兔的故事》《和大人一起读》《聪明的章鱼裁判》	绘本故事"我来讲"活动
一年级下册	读童谣和儿歌	《读读童谣和儿歌》《小刺猬理发》《蝴蝶花豌豆花》《太阳小时候是个男孩》	童谣和儿歌分享交流会、童谣或儿歌表演(诵读)比赛
二年级上册	猜测策略	《小鲤鱼跳龙门》《"歪脑袋"木桩头》《孤独的小螃蟹》《小狗的房子》《一只想飞的猫》	童话故事阅读沙龙、童话故事推荐会
二年级下册	目录导引策略	《神笔马良》《七色花》《愿望的实现》《一起长大的玩具》	读书记录卡、讲故事比赛
三年级上册	预测策略	《稻草人》《格林童话》《安徒生童话》《鼹鼠的月亮河》	讲童话故事、创编童话、评选"大家最喜欢的童话"活动

续 表

教材	阅读策略	推荐书目	阅读成果展现形式
三年级下册	阅读寓言的方法	《中国古代寓言》《伊索寓言》《克雷洛夫寓言》	讲寓言故事、创作（改编）寓言故事、课本剧
四年级上册	发挥想象，感受神话的特点	《世界经典神话与传说》《中国神话传说》《山海经》《奥丁的子女》《霍桑的希腊神话》《日本神话故事与传说》	找一找源自神话的词语、猜一猜线索卡中的神话人物、讲一讲喜欢的神话故事、演一演喜欢的神话故事
四年级下册	阅读时提出不懂的问题并试着解决	《十万个为什么》《穿过地平线》《细菌世界历险记》《爷爷的爷爷哪里来》《地球的故事》《十万个为什么》（中外两个版本）	制作阅读"困惑"卡、制作阅读"探索"卡、制作一期科学小报、完成阅读记录卡——给作家爷爷的一封信
五年级上册	提高阅读速度的策略	《中国民间故事》《欧洲民间故事》《非洲民间故事》《列那狐的故事》	讲民间故事（可创造性复述）、缩写故事、改编或者续写故事
五年级下册	阅读古典名著的方法	《红楼梦》《西游记》《三国演义》《水浒传》等古典名著	编课本剧、写读后感

此外，我们通过让学生和家长进行阅读书目推荐来丰富阅读资源，形成各年级的阅读书单以供老师和学生阅读，让学生有更丰富的阅读资源，给学生提供更多的阅读内容选择。

3. 延伸式阅读教学模式探究

如何开展延伸式阅读教学，形成一定的教学模式呢？我们可以从延伸式阅读"1＋N＋∞"的框架体系来探寻延伸式阅读教学模式。

一是帮助学生习得阅读策略并用于课外阅读。

叶圣陶先生曾说过："教是为了不教。"小学语文阅读教学是学生获得知识、锻炼语言综合能力、升华情感、接受真善美教育的重要途径。要让延伸式阅读活动持续、有效进行，还需要依靠教师向学生传授阅读的方法。我们可以利用统编版语文教材安排的阅读策略单元，借助教材中的精读课文教给学生阅读策略，指导学生在略读课文学习中巩固运用所学阅读策略，逐步掌握教材中的阅读策略并迁移运用到延伸阅读中。

比如在教学预测策略时，可以通过教材中精读课文和略读课文的学习让学生了解预测，尝试根据图片、题目、批注等了解预测的依据，掌握预测策略，感受预测带来的快乐阅读体验。在课外阅读中还可以围绕题目进行预测，看封面预测，根据文章线索预测，结合生活经验预测等。在不断实践中体验预测、享受预测，基于不断实践和思考，解决关于预测的疑难和困惑；在边读边预测、边读边调整自己的预测的过程中，感受阅读带来的美好体验，让学生在运用预测中走向广阔的阅读天地。

二是借助"快乐读书吧"激发学生阅读兴趣。

统编版语文教材设置"快乐读书吧"栏目，意在倡导整本书的阅读，鼓励多种题材的"海量阅读"，帮助学生掌握基本的阅读方法，为学生形成独立的阅读能力夯实基础，同时促进多样化阅读思维发展。如何用活这一栏目，才能让学生逐渐走进阅读的世界，享受阅读的快乐，真正爱上阅读呢？

首先，有规划地进行阅读方法指导。梳理"快乐读书吧"的阅读主题,对学生整个学期的课外阅读起着提纲挈领的作用,从而解决"读什么""怎样读"的问题。教师要立足文本提供的阅读要素,指导学生掌握基本的阅读方法,并能灵活运用到阅读其他书籍的过程中,以扩大学生的阅读视野,促进课外阅读课程化。

其次,有计划地开展项目式阅读活动。以"快乐读书吧"提供的主题为起点,为学生量身定制一系列项目化共读活动,不仅给学生提供持续性的阅读体验,而且更容易触摸到他们的阅读兴趣点,激发学生长久的阅读兴趣。通过设置表演、朗读、摄影、习作、闯关等各种任务方式来引导学生完成延伸书目的阅读。通过生生共读,学生在一起读完整本小说,不仅可以收获有趣的童年故事,而且可以在一个个活动体验中领悟到童年的美好与友情的珍贵。这样的共读,让书本的深层思想内化于学生的心灵,使课内阅读自然衔接课外阅读。

最后,策划活动养成阅读习惯。要让学生把阅读的意识外化为阅读的自觉行为,需要良好的阅读习惯来推动。"快乐读书吧"也格外重视学生阅读习惯的养成。为了达成这个教学目标,可以运用经济学理念开展阅读银行存款记录,激励学生每天进行课外阅读,阅读内容以"快乐读书吧"推荐内容为必读书目,每天规定一定的读书页数,由教师和家长共同督促,完成的学生可以存5个"公朴币",以此类推。一本书读完后,班级评选出阅读银行大客户。持之以恒,可以提高学生对阅读的兴趣,使阅读的行为外化在每一个角落、每一个瞬间。

三是根据教材内容进行延伸式阅读。

延伸式阅读不仅仅是阅读方法的迁移运用,还可以是与教材内容相关的作品的延伸阅读。阅读内容上的延伸应该包含三个方面：其一，与教材文本存在内容关联的作品，比如《草船借箭》与《三国演义》。其二，与教材文本同一类型的作品。关于作品的类型，按照不同的划分标准，其分类结果也必然不同。一般来说，文学作品的分类标准包括题材、体裁、主题、风格、艺术手法、作者、时代等，比如以体裁为标准，《三国演义》就与《水浒传》《红楼梦》等属于同类作品。凡此种种，选择同一类型的作品进行延伸阅读，是为了加强学生对某一类型作品的认识和把握。其三，与教材文本有一定对比关系的作品。众所周知，比较阅读是语文教学中十分常用和有效的方式，从某种意义上说，延伸阅读也是一种比较阅读。

延伸式阅读教学并不止步于"推荐"——在学生心中激起阅读欲望的涟漪，还有后续的阅读方法的指导、阅读感悟的交流。如此，学生在阅读的过程中才能有更多的学习收获和更为丰富的阅读过程性体验。

四、延伸式阅读的现状和问题分析

师生调查问卷和访谈的数据分析，反映出延伸式阅读教学中还存在一定的问题，这些问题包括学生方面的问题，也包括教师方面的问题。

(一) 学生在延伸式阅读中存在的问题分析

1. 阅读积极性较低

虽然调查问卷中有90％以上的学生选择了自己非常喜欢阅读，但是只有67％的学生有主动阅读的习惯，有23％的学生是在老师的要求、家长的督促和同学的推荐下才有阅读的欲望,如果没有外界因素的影响,自己主动阅读的积极性比较低。

对于"1＋N＋∞"的延伸式阅读来说,学生主动阅读的积极性是很重要的,有了兴趣作为原始动力,学生才能运用方法进行阅读拓展。另外,从"你是如何选择拓展阅读材料?"的调查中发现,有70％的学生是根据老师的推荐选择拓展阅读材料的,也就是说学生没有进行自主选择,只是按照老师的推荐和书本上的要求进行课外阅读,这也导致学生缺乏自主选择的兴趣。

2. 缺乏良好的阅读习惯

阅读习惯是影响阅读效率的一个重要因素,良好的阅读习惯能够帮助学生积累广博的阅读知识,培养学生的阅读能力乃至独立创作的能力,对学生提高语文素养有着很大的帮助。从某种意义上来说,良好的阅读习惯是学生进行自主阅读的第一步。

从调查可知,虽有部分学生拥有良好的阅读习惯,但是人数比预想中的少,如调查的第三题:"在进行课外阅读时,你一般喜欢怎么做?"有25％的学生选择了"只读,不动笔";又如调查的第四题:"你读课外书时,遇到不认识的字或者不懂的问题怎么办?"有20％的学生选择"跳过去,不读"。这些调查结果都能反映出部分学生没有养成良好的阅读习惯。

3. 部分学生阅读量不高

阅读量的积累对于阅读能力的提高有着不可忽视的作用,阅读能力高低很大程度上取决于阅读量的大小。延伸式阅读也需要一个从量变到质变的过程,才能帮助学生提升阅读能力,最终使学生爱上阅读,养成终身阅读的习惯。

从调查问卷"你读过多少本课外书?"的调查结果来看,读过

10—50本的学生占75％,虽然学生的年级不同,阅读的能力不同,但是如果一学期读3—5本课外书,二年级学生课外书的阅读量就应该过10本了。当然,阅读的作品有难易之分,阅读的册数不能作为唯一的衡量依据,但也可以将此作为一个参考,从中可以看出部分学生的阅读量不是很够。

4. 阅读计划不完善

从调查结果可知,学生在阅读过程中存在阅读不规律的情况,如问卷中"你每天最少有多少时间阅读?",学生的回答比较分散,还有部分学生在选择时难以抉择,因为每天阅读的时间是不固定的。这与不完善的阅读计划有较大的关系,即学生在阅读课外书前没有想好要花多久读完这本书、每天要花多久来读这本书,没有完善的阅读计划也会影响学生阅读能力的提升。

5. 阅读重视程度不高

部分学生对于课外阅读的重视程度不高,这部分学生可能比较注重课内基础知识的学习,忽略了课外阅读。如问卷中的"你是否希望老师在课堂上讲授课本以外的内容?",有60％的学生选择了"很希望",说明他们对于课外阅读有较大的兴趣,但有30％的学生选择了"无所谓",还有部分学生选择了"不希望",说明这部分学生对于阅读没有兴趣,也不注重课外阅读的积累。

(二) 教师在延伸式阅读中存在的问题分析

1. 忽视课外阅读的指导

课外阅读是课内语文教学的延伸,虽然教师在课堂上已经通过阅读策略单元中精读课文的教学对学生进行了课内阅读策略的指导,学生也掌握了相应的阅读方法,但是在课外阅读阶段,教师也不能完全放手让学生自主阅读，还是要给予一些针对性的方法指导，以免学生的阅读重点出现偏移。如调查问卷的第12题："你认为课外阅读对课内学习有帮助吗？"有88%的学生认为帮助很大，这说明学生还是了解课外阅读的重要性的，教师要注重过程中的方法指导，帮助学生提高阅读积极性。

2. 缺乏阅读交流活动

在学生阅读的过程中，为了增加阅读的趣味性，提高学生的阅读积极性，教师可以开展相应的阅读交流活动，让学生围绕自己阅读的内容展开分析和讨论，但是在当前的课外阅读阶段，阅读交流活动开展得较少，学生无法在阅读的过程中与其他同学进行思维的碰撞。

五、延伸式阅读教学的有效策略

（一）以课堂为主阵地，重视"1"的指导过程

教读，是阅读教学中的"1"，其在于学"法"、得"法"，依托统编教材"人文主题＋语文要素"双线结构，教师重视讲解、指导和示范，关注到不同文体的阅读方法不同，在进行教学设计时着眼于一类文章的阅读方法与阅读策略引导，并且要关注过程，结合每一册教材的单元要素与课文的不同题材，解读教材并进行有效的方法指导。

如在统编版语文教材五年级上册第三单元中，需要学生掌握"阅读古典名著的方法"。古典名著对于五年级的学生来说理解起来有些难度，如果掌握得当的方法，阅读起来就能更加顺畅，也能更有收获。

掌握了阅读古典名著的方法,学生在阅读的过程中就可以借助相关的影视作品更好地理解古典名著的内容,即便遇到不理解的地方,学生也会自觉运用阅读策略,不会因深究个别片段而影响阅读速度。

(二)以任务为驱动,带动"N"的阅读空间

有了"1"(精读课文)的方法指导为前提,"N"的阅读在于悟"法"、用"法"。"N"从教材中的略读课文入手,进而延伸至课外书目的阅读。教师从每一册教材的阅读策略入手,制定分年段的阅读推荐书单,帮助学生将学到的知识、方法运用于自主阅读中,在自读训练中提高阅读能力。在学生阅读课外推荐书目的过程中,教师以画思维导图、制作人物档案、绘制阅读记录卡、做批注等活动为任务驱动,训练学生进行有效阅读。同时,可适当邀请学生交流所阅读的内容,对于学生不理解的内容给予一定的帮助与指导。

如统编版语文教材四年级上册第六单元中,学生学习"用批注的方法阅读"。课堂上学生已经对本单元的"1"即"用批注的方法阅读"有了一定的掌握,在本单元学习结束后,可以推荐学生阅读和本单元主题"成长故事"相关的文章,通过做批注再次感受童年生活不仅有欢乐,更有挫折带来的成长;也可以推荐学生阅读和作者相关的作品,再次感受作者写作时的方法和技巧以及作者的写作风格。

(三)在活动中强化"∞"的阅读兴趣

在落实完善"1+N"的同时,重视阅读拓展,教师要关注学生的

阅读兴趣是否有提升，学生是否能够做到享受阅读。教师指导部分学生组建跨年级阅读兴趣组，由高年级学生以"小老师"的形式对低年级学生进行阅读方法指导并带领低年级学生进行阅读书目分享交流，然后分年段定期举行成果分享交流会，以创编课本剧、扩写、改写、演讲等形式展示交流，帮助学生在更大范围内训练阅读能力，培养阅读兴趣，以阅读帮助自我学习和终身学习，将阅读的快乐无限延伸，终身受益。

如在学习"批注的方法阅读"后，举办"图书漂流"活动。学生根据自己的兴趣，选择阅读的图书，并做批注，对于同一本书中同一问题的不同理解的批注，学生之间进行思辨和探讨；在一段时间的阅读积累后，开展主题交流活动，提高学生参与阅读的积极性。交流的过程中让学生大胆组织语言发表自己的观点，同时也认真听取别人的观点和看法，不断地完善自己的内容，进行二次批注，使自己的批注更加深刻，在思维的碰撞中逐步完善自己的理解。同时，促使学生养成读思写同行的读书习惯，运用批注的方法感受阅读的魅力，从而为终身阅读奠定基础。

(四) 通过多元评价，促进学生阅读持续进行

有了阅读兴趣之后，也还会有部分学生出现三分钟热度——不能自觉地将阅读的活动持续、有效地进行。除了借助画思维导图、讲故事、创编课本剧等任务驱动，还要引导学生去认真、有效地阅读，可以通过学生自评、师评、生生互评、家长评价等方式从阅读的时间、阅读的态度、阅读的专注度和阅读成效等不同的维度对学生的阅读建立评价体系，以保持学生阅读的持续性。

表 2　阅读评价表

评价内容	评价指标	等级评价参考指示	评价			
			自评	小组评	家长评	教师评
爱读书	1. 能在老师的指导下制订阅读计划，并根据自己和班级的学习计划有计划地实施。 2. 善于安排和利用时间进行阅读，每天能坚持阅读课外书30分钟以上。 3. 能通过多种途径有效阅读，获取纸质、电子信息资料	1. 符合三项指标或符合第2、第3项指标者评为优秀。 2. 符合第1、第3项指标，每周有五天以上坚持课外阅读者评为良好。 3. 符合第1、第3项指标，每周有三天以上坚持课外阅读者评为合格。 4. 三项都不符合或每周课外阅读两天以下者评为须努力				
多读书	1. 能根据老师的推荐和自己的学习需要选择合适的课外阅读。 2. 阅读对人生富有启迪作用的作品，如名家作品、诗歌文学明珠等。 3. 每周阅读至少一本书	1. 符合三项指标者评为优秀。 2. 符合第1、第2项，基本符合第3项者评为良好。 3. 符合第1、第2项，不符合第3项者评为合格。 4. 三项都不符合者评为须努力				
会读书	1. 能利用精读、泛读、浏览、速读等多种方法进行课外阅读，在读书的过程中能认真主动地写批注，摘抄优美句段，写读书笔记，写读后感。	1. 符合三项指标者评为优秀。 2. 符合第1、第2项，基本符合第3项者评为良好。 3. 三项基本符合者评				

续 表

评价内容	评价指标	等级评价参考指示	评价			
			自评	小组评	家长评	教师评
会读书	2. 积极参加各种读书交流活动,乐于与人分享读书感受。 3. 能围绕阅读主题收集、整理各种信息资料,并能摘录成册,制作小报,制作阅读卡片,建立阅读档案袋	为合格。 4. 三项都不符合者评为须努力				
总评						

六、延伸式阅读教学研究的意义

延伸式阅读教学形成了"1＋N＋∞"的课堂特色,课内学策略、课外用方法,将阅读的作用无限增大。

(一) 提升学生素养和能力

延伸式阅读的实施能带给学生优质多元的阅读教育资源,学校通过延伸式阅读的实施,更加注重教育的"终身化"和"可持续",不再局限于纯粹书本知识的传授与学习,更多地让学生参加阅读实践活动而获得各种能力。通过开展各类阅读相关的活动,如绘制思维导图、建立书中人物档案、填写阅读记录卡、完成阅读报告等形式,提高学生在阅读中运用所学到的知识、方法的能力,从而提升学生的阅读鉴赏能力。此外,延伸式阅读能够教会学生运用有效的阅读策略来理解文字,阅读更多的书籍,提高学生的文字表达能力,还能提升学生的创造、迁移和鉴赏能力,从而提升其语文综合素养和综合能力。

此外,延伸式阅读有助于扩大学生的知识面,拓宽视野,从书中人物身上汲取正能量,丰富情感体验,更好地感知世界。阅读各类名著,也有助于学生树立正确的世界观、人生观和价值观,从而实现身心的健康发展,做到腹有诗书气自华。

(二)助推教师专业发展

要想给学生一瓢水,教师要有一桶水。延伸式阅读的推进,不仅可以在学生层面营造良好的读书氛围,还可以从全体语文教师的推书、鉴书入手,引导全体教师多读书、读好书,形成读书热潮,让教师通过阅读增加文化底蕴。

通过对延伸式教学的探究,引导语文教师在了解统编版每册语文教材阅读策略的基础上,探寻阅读延伸的有效方法,设计丰富的阅读活动。教师们也可以在这一过程中丰富教学方法,突破现有的阅读教学模式,从而促进自身专业发展。

(三)丰富校园精神文化生活

书香润物细无声,延伸式阅读的实施也能力助学校实现教育形式的多元化,开阔学生的阅读视野,丰富校园精神文化生活,给学生精读好书创造环境。点亮一盏心灯,提高学生的阅读热情和文化素养;与经典同行,打好人生底色,提升学生的阅读能力和表达力;与名著为伴,塑造美好心灵。营造浓厚的校园文化氛围,弘扬中华民族的优秀文化和道德,让学生在阅读中了解科学,感悟历史,体验社会,拓展思维,放飞理想,憧憬未来。

以"快乐读书吧"为抓手，探索延伸式阅读教学

——以统编版《语文》五年级上册第三单元为例

上海市浦东新区明珠森兰小学　马宇萍

摘要：阅读是语文教学的重要组成部分。统编版语文教材的编写意图是借助课内阅读方法和内容，将学生引入广阔的阅读天地。本文探索如何以"快乐读书吧"为抓手，激发学生进行延伸阅读的兴趣；以任务驱动来保障阅读的持续性；通过开设展示平台，让学生在活动中提升语文素养和综合能力。

关键词：小学语文；延伸式阅读教学；快乐读书吧

统编版小学语文教材注重阅读，构建"精读""略读""课外阅读"三位一体的阅读教学体系，以鲜明的层级开展阅读教学给学生提供阅读的路径和方法，将学生引向广阔多彩的阅读天地，让学生通过阅读提升语文素养和综合能力。但在教学实践中，由于种种因素的限制，还存在着学生阅读不主动、不得法、不够量的问题。

通过对教材的梳理，我校语文教师发现统编版小学语文教材每册都安排了"快乐读书吧"栏目，无论是收录的精读、略读课文，

还是与之相配套的口语交际、语文园地和习作要求,大部分都呈现了阅读教学从发生到推进整本书阅读的训练全过程。"快乐读书吧"的设置是将课外阅读课内化,让整本书阅读课程化,使课外阅读有目的、有计划、有方法、有步骤、有评价地进行。

统编版语文教材的这一特点激发我们思考:如何利用好"快乐读书吧"进行延伸式阅读教学呢?我们选取了统编版《语文》五年级上册第三单元民间故事单元,探索如何以"快乐读书吧"为抓手开展延伸式阅读教学,让学生在大量阅读中体验快乐,促进学生阅读能力的提升。

一、借助读书吧激发阅读兴趣

兴趣是最好的老师,也是学生进行自主学习的最大动力。对课外延伸阅读而言,激发学生阅读兴趣无疑是最基础也是最关键的一点。只有学生自身具有强烈的兴趣,才会主动进行阅读,进而在阅读中收获知识、感受快乐,体验阅读的魅力。

"民间故事"这一单元,推荐学生阅读民间故事。"快乐读书吧"设计了两个内容板块:"你读过吗""相信你可以读更多",分别采用不同的形式推荐书目,为学生提供了更多的选择空间。如何激发学生的阅读兴趣,使其主动性得以发挥?我们可以从以下几个方面着手:

(一)巧用动画片和影视作品

很多民间故事都有成功的动画改编,如《田螺姑娘》《宝莲灯》;还有一些民间故事被拍成了电影,如《梁山伯与祝英台》《美女与野兽》。我们可以将动画片和影视作品中与"快乐读书吧"里相关的内容结合起来——在本单元中，我们选取了与"快乐读书吧"中相匹配的《田螺姑娘》动画片段——也可以将动画片和影视作品放在课堂的结尾部分介绍或播放，激发学生的阅读兴趣。

教师在课上放映这些作品的精彩片段后，再让学生阅读相应的民间故事内容。文本故事和音视频故事的对比阅读，可以激发学生的好奇心，产生阅读兴趣，吸引学生自主阅读更多的民间故事。

（二）交流课前准备资料

民间故事是在人们的口耳相传中传承下来的，我们可以在课前让学生先去搜集自己或者周围人知道的、讲述的民间故事，整理成记录卡，再在课上进行交流。

表1　整理记录卡

整理记录卡
故事题目：_____ 故事内容：_____ _____ _____

在"你读过吗"教学环节，让学生通过交流整理的记录卡分享他们读过或听说过的民间故事，从而拓展学生的阅读视野，激发学生进一步阅读的兴趣和积极性。

（三）设置预测环节

小学生是充满好奇心的，尤其对于未知的内容更感兴趣。我们可以利用小学生的这一心理特点,运用预测这一阅读策略,即让学生对故事情节进行预测。通过课堂教学实践发现,学生们对于接下来的故事情节充满好奇,迫切地想去验证自己的预测是否正确。

"快乐读书吧"的"你读过吗"这一板块呈现的是《田螺姑娘》这个故事的节选。故事内容的戛然而止,让学生对接下来的内容更感兴趣,更有一探究竟的愿望。我们可以顺势引导学生去预测接下来的故事内容,并让学生通过阅读原文验证预测,激发学生进一步阅读的兴趣。

二、运用任务驱动保障阅读持续

光有阅读兴趣还不够,小学生会因为专注力持续的时间比较短,导致阅读兴趣呈现"三分钟热度"——不能自觉地将阅读的活动持续、有效地进行下去。如何保障学生阅读的持续性呢?我们可以借助阅读任务和阅读的过程性评价来让学生课外延伸阅读持续、有效地进行。

(一)布置阅读任务,引导学生进行有效阅读

阅读并非仅限于课堂,它更大程度上是要由课内向课外延伸。小学生受到年龄的局限,自制力差,缺乏耐心和意志力,不能很好地在课外自主进行长时间的延伸阅读。在阅读过程中,不仅需要教师进行阅读方法的指导,还需要教师布置阅读任务,让学生带着任务进行阅读。在学生阅读民间故事的过程中,我们可以结合所在单元的读写训练点设计阅读任务,也可以结合阅读内容的特性

设计阅读任务。

在民间故事单元,我们通过布置制作阅读记录卡的作业,让学生选择一个感兴趣的民间故事去阅读。在阅读记录卡中,让学生先厘清主要人物及其关系,然后对故事内容进行简单介绍。通读故事后,学生对民间故事里个性迥异的人物有了深刻印象,教师顺势再让学生结合其中情节写一写最喜欢的人物及原因。

表2 阅读记录卡

故事名称	
主要人物及其关系	
故事内容简介	
我最喜欢的人物及原因	

通过这项阅读记录卡的作业,不仅可以激发学生阅读课外民间故事的兴趣,还可以给予学生阅读空间,提升他们文本分析的能力,达到用时少、收效大的教学效果。

此外,我们也可以通过布置制作民间故事的情节推进图,让学生用简洁的语言写清楚自己想推荐的民间故事的起因、经过、高潮和结果,使他们将其应用于"口语交际"时有的放矢,能把故事讲清楚,让听众听明白。还可以让学生通过绘画等形式丰富自己的记录,使制作阅读记录卡这项作业更具趣味性,有利于学生综合素质的提升。

我们也可以以绘制思维导图、梳理故事情节推进图、制作读书卡等任务为驱动,保障学生阅读的持续性,体现阅读的过程性。

在此基础上，我们可以在学生读了一定数量的民间故事后选取两则民间故事，让学生从故事的内容模式、主人公的性格特征、故事的结局、故事表达的愿望等多方面来填写"民间故事之我发现"探究卡，引导学生通过比较阅读去发现民间故事的相似之处，体会到"小贴士"中民间故事文体的特点，如情节内部的反复、固定的故事类型、相似的主人公和结局等。

表3　阅读探究卡

"民间故事之我发现"探究卡	
故事一：	故事二：
我发现两个民间故事的相似处： 1. 故事的内容模式： 2. 故事中主人公的性格特征： 3. 故事的结局： 4. ……	

（二）建立评价体系，激励持续阅读

除了以画思维导图、讲故事、创编课本剧等任务为驱动，引导学生认真、有效地阅读，我们还可以通过学生自评、师评、生生互评、家长评价等不同的评价方式从阅读的时间、阅读的态度、阅读的专注度、阅读的成效等不同维度对学生的阅读情况建立评价体系，以保持学生阅读的持续性。学生自评、互评以及家长评价的加入，无形中为学生的阅读营造良好的阅读氛围。在这样的阅读氛围中，学生们相互激励，使得持续阅读有了更大的可能性。

表4　星级评价表

评价内容	评价指标	星级评价参考	评价 自评	评价 家长评价	评价 同伴评价
阅读时间	每天累计阅读时间1小时以上	☆☆☆：每天能保障1小时以上的阅读时间。 ☆☆：每天能坚持半小时左右的阅读时间。 ☆：每天能坚持阅读,阅读时间少于10分钟。			
阅读专注	每次都能专心致志地阅读,并且不会受周围人和事的影响	☆☆☆：每次阅读注意力集中,不被身边事物影响。 ☆☆：大部分时间能专心阅读。 ☆：能坚持阅读,但易受周围人的影响			
阅读记录	能做好读书摘记、批注。能梳理出文中的人物关系、故事线索,记录阅读收获等	☆☆☆：能自觉做好读书摘记、批注。能梳理出文中的人物关系、故事线索,记录阅读收获等。 ☆☆：能按照要求做好读书摘记、批注。 ☆：能坚持阅读,在书上做简单的批注			
阅读分享	能将阅读的内容、收获、启示等与他人分享交流	☆☆☆：能积极主动分享,并有自己的见解。 ☆☆：愿意分享,并能从其中一个方面有条理地与他人分享。 ☆：愿意分享,分享内容简略			

为了激励学生积极主动阅读，还可以组织学生开展"读书之星"评选表彰活动，让学生养成多读书、多读好书的习惯。

三、通过展示平台提升学生能力

学生阅读的情况如何？怎样通过阅读活动来提升学生的语文素养？可以通过组织开展如下读书交流活动，检测学生的阅读效果，同时让学生在活动中提升语文素养和能力。

（一）举办班级故事会

结合本单元"口语交际"内容——讲民间故事，设置一个讲故事擂台赛活动来给学生提供一个展示阅读成果的平台，同时引导学生将本单元所学的创造性复述运用到故事中。

故事擂台赛这个活动，不仅给学生提供展示的舞台，同时也让学生在活动中得到听、说能力的提升。在讲故事的过程中，学生的语言表达——"说"的能力得到了锻炼，这是显而易见的。但在"说"的能力背后是思维品质锻炼和提升的外显：要能进行创造性复述，先要了解故事内容，并通过人称的转换、故事情节的合理想象、故事内容的顺序调整等方式将故事栩栩如生地讲述出来。对于听众来说，他们要对所听到的故事进行评价，学生"听"的能力也在这个过程中得到锻炼和提升。

同时通过自评和他评的评价机制对学生的作业进行反馈，激发每个学生的主动性和积极性，让更多的学生参与活动中。

表5 "民间故事我来讲"评价表

要　　求	自　　评	他　　评
故事情节完整,内容上符合原版故事		
运用了生活化的语言		
在叙述过程中增加了动作、表情		
角色解读到位,语言、动作、表情能够表现人物的心理或性格		
建议		

（二）开展课本剧编演活动

课本剧编演是学生以课文内容为依据,对其进行改编和创作的,通过角色扮演,可以调动学生的积极性和表演兴趣。这样轻松、愉快的形式也是学生所喜爱和热衷的。但很多时候文本或者故事内容可能不是一个剧本,需要学生在读懂故事的基础上,重新以剧本的形式编写出来。这本身就是一个阅读吸收和输出的过程,在课本剧编演的过程中学生语文素养和能力都将得到提升,这样的训练是学生愿意参与的。

不仅如此,有时故事文本中还留下了很多空白的地方,让编创人员利用丰富的想象与联想去进行"意义完形"。这些空白必须调动学生的想象和联想能力,对课本内容进行创造性的理解,让课本的内容增值。比如在课文《猎人海力布》中海力布焦虑地催促乡亲们离开,如何在舞台中表现其焦虑?有的"演员"认为,应该在舞台上来回不断地踱步;有的"演员"认为,应该急得直跺脚;有的"演员"认为,应该用语言表现海力布的焦急;有的"演员"认为,应该通过面部表情来体现;有的"演员"认为可以通过补充人物心理活动来表现……每一个学生演员的生活经历不一样,知识构成不一样,人生阅历不一样,艺术修养也不一样,这样他们就必须调动自己的生活经验,利用想象与联想对"空白"处进行创造性表演。

编演课本剧对学生学好语文、全面发展是大有裨益的。它是口头表达能力多元化的实践活动之一,更是全面提高学生素质的有效途径之一。它不仅锻炼学生的口头表达能力和分析鉴赏能力,而且使学生的注意力、想象力、创造力都得到极大的加强和提高。课本剧的排练和角色分工,有利于培养学生的团队协作能力,让学生懂得合作、尊重以及个体价值实现和团队目标的辩证关系。

(三) 组织读书交流

民间故事的背后,往往是某一地区人们思想观念的体现。教师可以让学生进行比较阅读,说说不同地区的故事的异同点以及背后的原因;还可以让学生提前查找资料,看看哪些民间故事流传得最广、被改编成其他形式的作品的次数最多,说说他们最喜欢哪一次的改编以及理由是什么。

我们可以指导学生对课内精读课文《牛郎织女》和"快乐读书吧"板块"你读过吗"中的《田螺姑娘》两篇中国民间故事进行比较阅读,并对基于教材中课外阅读延伸的中外民间故事加以比较,通过读书交流活动引导学生学会辨析,从多维度探究它们的异同点。

在这一过程中,学生能够更好地从整体把握民间故事的主要特点,品读民间故事的语言特点、角色设定、阅读价值等,在阅读中不断积累,感悟文本特色,了解我国传统文化以及中外文化的差别,进一步激发阅读兴趣,感受语文的魅力。

  这些活动的开展可以为语文课堂教学注入生机与活力,为学生的课外延伸阅读注入动力。在阅读活动中,学生的心灵将得到滋养,语文素养和综合能力也将得到提升。

参考文献
[1] 姬泽洲.小学语文拓展阅读教学的策略研究[J].教育科学,2017(12).
[2] 石兰芳.拓展语文课外阅读的有效策略[J].汉字文化,2019(22).

提问阅读策略在小学高年段语文延伸式阅读中的实践应用

上海市浦东新区明珠森兰小学　陆　昕

摘要：延伸式阅读不仅能拓宽学生视野，更能培养学生自主阅读能力和良好的阅读习惯。提问阅读策略在延伸式阅读中的应用，为小学高年段学生搭建阅读支架，能够有效提升延伸式阅读效果。

关键词：小学语文；阅读策略；延伸式阅读

学生阅读能力的培养是语文阅读教学的重中之重，培养学生成为一名"终身阅读者"更是语文教学的主要目的之一。温儒敏先生在《部编本语文教材"专治"不读书》一文中谈及为何要提倡阅读教学的"1+X"时说："现在语文教学最大的弊病就是少读书，不读书。"读多少书、会不会读书是提升学生阅读能力、培养学生语文素养的关键。教师在阅读教学过程中要注重指导学生从课内阅读向课外阅读延伸，提升阅读的量；学会运用阅读策略进行延伸式阅读，提高阅读的质。课内阅读与有效的延伸式阅读相互结合，相互渗透补充，可以开阔学生视野、引导学生树立正确的阅读观，锻炼学生的阅读思维品质,从而不断提升学生的语文素养,使学生成为"终身阅读者"。

一、小学高年段语文延伸式阅读教学的意义

所谓延伸式阅读,主要是指在小学语文教学过程中,教师在引领学生开展教材文章的阅读学习以外,还引导学生进行课外阅读的延伸和拓展,开阔学生的视野,培养学生良好的阅读能力。众所周知,在当今社会背景下,学生阅读能力的培养、阅读素养的提升仅依靠课内文本的学习和阅读量是远远不够的。而小学高年段学生已经掌握了一定的阅读方法和阅读速度,此时,教师有意识地在语文教学中加入延伸式阅读的指导,可以帮助学生拓展视野、活跃思维,更能有效地提升学生的阅读能力,使学生养成良好的阅读习惯,为今后的学习生活打下坚实的基础。

通过延伸式阅读,学生能接触到形式多样的阅读文本,如不同题材或体裁、不同表现手法或表达方式的文本等,拓宽阅读面,增加阅读积累,形成自己的思考,在一定程度上可以提升自身的表达能力、写作能力等综合性学习能力。这些能力也将继续作用于课堂学习中,两者融会贯通、相辅相成。

二、提问阅读策略在阅读中的作用

相较之前的语文教材,统编版小学语文教材加入了阅读策略单元的学习。这一新颖的单元组织形式突显了"阅读"在语文学习中的重要地位,旨在提高学生的语文阅读能力,培养学生的语文

素养。

其中,四年级上册第二单元以"为学患无疑,疑则有进"的主题编排了"提问"阅读策略的学习,旨在引导学生在阅读过程中尝试从多角度进行观察和思考,大胆地进行质疑,从而形成探究意识,促进有效阅读,进一步提升学生自主阅读能力并养成良好的阅读习惯。而学生在课堂中学到的阅读策略,如果能够熟练运用在延伸式阅读中,则能有效提升延伸式阅读的效果。

三、提问阅读策略在小学语文高年段延伸式阅读教学中的运用

(一)以阅读策略为支架,掌握阅读方法

1. 精读课文教策略、学方法

阅读策略单元的教学重点不是教课文,而是教策略和方法。提问阅读策略单元中编排了三篇题材和体裁各不相同的精读课文,通过课后练习可以发现,每篇课文重点聚焦不同的提问策略,难度也逐步递增。《一粒豆荚里的五颗豆》侧重于指导学生从文章的局部和整体提出问题,这一点对于小学高年段学生来说比较简单,很多学生在以往的阅读经验中已经无意识地运用过这一提问策略;《夜间飞行的秘密》侧重于指导学生从文章内容、写法、启示等不同角度提出问题,这对于学生来说是新的方法,特别是从作者写法和阅读中得到的启示这两个角度进行思考,是以往阅读经验中缺失的部分,也是课堂教学中需要重点指导的内容;《呼风唤雨的世纪》侧重于问题的分类和筛选,这是基于前两篇课文提问策略学习的更高阶思维。指导学生筛选出对文章理解有帮助的问题,

旨在关注提问的质量,降低无效问题的产生。

2. 略读课文教用策略

学生通过精读课文中对于提问阅读策略的学习,对这一阅读策略有了一定的认识与运用能力。教师在略读课文的教学中切记不可完全放手,而要有意识地设计学习活动来"教"学生使用阅读策略,帮助学生进一步掌握与巩固,为后期延伸式阅读打好基础。

以《蝴蝶的家》这一略读课文为例,学生结合课文前"学习提示"自主阅读课文,通过之前学习到的提问策略针对课文的不同角度进行提问,并对问题进行分类,筛选出最值得思考的问题,帮助理解课文内容。整个教学过程中,部分学生对于提问的角度和问题的筛选仍然存在一定困惑,教师可以通过学生同伴合作、交流,教师引领等形式帮助学生更好地在实践中应用"提问"这一阅读策略。

3. 阅读延伸中迁移与应用策略

《夜间飞行的秘密》课后安排了一篇课外阅读链接,旨在让学生尝试应用本课所学的提问策略进行阅读。另外,《语文园地》的"交流平台"也对提问策略的应用进行了总结。从这样的编排可以发现,这一单元的教学目的不是简单地让学生学知识、学技能,更是让学生在课内阅读延伸至课外阅读中能主动建构阅读策略,实现自主阅读。

(二)以课文学习为载体,激发阅读兴趣

阅读延伸与拓展的内容如何选择,对于小学生是一个难题。他们的世界观、价值观尚在形成阶段,因此选择合适的文本进行阅读需要教师的引导。通过课文学习,引导学生选择与之相关联的延伸阅读文本,可因其材料的关联性引发学生对文本内容的兴趣。基于课文学习进行阅读的延伸,从熟悉的角度切入,使学生更容易接受,自主性更强。

1. 课前质疑引发阅读兴趣

在课前预习阶段,学生对于文章主要内容、创作背景等有了初步了解,在这个过程中会从不同角度产生质疑,这样的质疑就会引发学生延伸阅读的兴趣。

学习四年级语文《古诗三首》时,通过课前预习,学生了解到"边塞诗"的概念,会不由自主地想了解什么叫"边塞诗"、有哪些"边塞诗"、谁是"边塞诗人"。通过自主阅读,学生又可以了解到除课文外的边塞诗《从军行》《燕歌行》等,认识边塞诗人高适、岑参等,感受到边塞诗激情豪迈、充满爱国情怀的特点,从而为课文学习奠定基础,更容易理解课文内容,可谓是一举两得。

2. 课堂质疑引发阅读兴趣

在课文学习过程中,学生的思想火花不断迸发。教师需要立足于课文重难点,实现学生对于阅读内容的有效延伸。

以《为中华之崛起而读书》一课为例。学习课文内容时,学生发现文章中反复出现"中华不振"这一说法,而课文内容并没有对当时"中华不振"的具体情况进行描述,于是对此提出了质疑。"中华不振"在本课学习中是非常重要的线索,也是课文教学的重点之一。教师利用学生提出质疑、产生探究兴趣这一契机,引导学生对描写1840年之后中国社会情景的文学作品、相关故事进行拓展阅读。学生通过延伸阅读了解到有关"鸦片战争""虎门销烟""甲午战争"、抗日英雄人物的故事等,对"中华不振"有了更深刻的认识,进而对课文内容有了更深入的理解。

3. 课后质疑引发阅读兴趣

课文学习的结束并不意味着阅读的结束,而是另一段阅读的开启。课文学习之后,学生会产生不少带有启发性的问题,这些质疑驱动着阅读的延伸和拓展,这种延伸并不局限于一篇文章,甚至可能是长时段的整本书阅读。

小学高年段课后阅读延伸,主要目的是培养学生的阅读能力和情感理解能力,从而在课后阅读中获得更进一步的理解。教师可根据课文内容为学生推荐适合他们阅读的课外读物。如在学习《蟋蟀的住宅》一课后,学生联系三年级所学课文《蜜蜂》,对法布尔的昆虫研究产生浓厚的兴趣。教师推荐学生课后阅读法布尔所著《昆虫记》一书,让学生在阅读中体会法布尔细致观察、科学严谨的探究精神。再如学习《盘古开天地》《女娲补天》等神话故事后,学生对神话故事产生浓厚的兴趣,课后教师借此契机开展全班共读《中国古代神话》一书的读书活动。

(三)以小组学习为形式,提升阅读质量

延伸式阅读旨在提升学生的自主阅读能力,个人阅读是学生主要的阅读形式,但这一形式容易导致学生阅读兴趣降低、持续性减弱以及质疑得不到解答等一系列弊端。因此,阅读形式多样化,有助于提升延伸式阅读质量。在提问阅读策略的教学中,小组合作学习模式具有积极的作用,可以应用到延伸式阅读中。

如班级学生以小组形式开展《史记》一书的阅读,在读到《廉颇蔺相如列传》一章时,学生对故事产生了思考。有的学生对文言文中的字词理解存在一定疑惑,有的学生对两位主人公的人物形象缺少了解……阅读过程中,学生先自己边读边质疑,再在组长的带领下对个人问题合并归类,形成小组问题清单。针对清单中的问题,学生发现有的问题可以通过同伴互助的方式得到解决,并共同筛选出"蔺相如怎样完璧归赵""廉颇为什么要负荆请罪""司马迁为什么要选择描写这几个故事"等有助于故事理解的问题,再进行深入的阅读。通过这一学习模式,有了同伴的督促与鼓励,学生的阅读持续性得到保障。通过基于问题的阅读探究和同伴合作学习,学生对文本的理解进一步加深,自主阅读的质量也得以同步提升。

根据以往经验,延伸式阅读教学在实施过程中容易忽视后期的阅读反馈。教师在布置延伸式阅读内容后,对学生读得怎么样关注较少。因此,通过小组学习模式,可以对阶段性或整体性阅读成果进行反馈,如以小组形式完成课本剧展演、阅读报告撰写、演讲、读书交流会等,通过多元化评价反馈延伸式阅读效果,促进延伸式阅读的可持续性发展。

小学高年段语文延伸式阅读教学的有效开展,有助于提升学生的语文综合素养。提问阅读策略在延伸式阅读中的应用,让学生的阅读有了支架,可以有效提高学生的自主阅读能力,提高阅读教学的整体成效,为学生成为"终身阅读者"打下坚实的基础。

参考文献

[1] 吴宁玲.开展小学语文拓展阅读教学的策略探究[J].教学管理与教育研究,2020(13).
[2] 陶玉叶.基于新课标的语文延伸性阅读教学探索[J].成才之路,2021(9).
[3] 张碧霞.分析小学语文阅读教学的课外延伸措施[J].课外语文,2020(33).

［4］李媛媛.落实提问策略,提升阅读能力：以小学语文四年级上册第二单元教学为例［J］.江西教育,2021(30).
［5］郭梅芳.聚焦策略,实施阅读策略单元教学：以统编版四年级上册第二单元为例［J］.新课程导学,2021(27).
［6］温儒敏.温儒敏谈读书［M］.北京：商务印书馆,2019.

习得预测策略,用于延伸阅读

上海市浦东新区明珠森兰小学　李　莉

摘要：统编版语文教材强化阅读,构建"精读""略读""课外阅读"三位一体的阅读教学体系,并从小学三年级开始每学年都安排了阅读策略单元,让学生掌握阅读策略,为学生的终身阅读服务。本文主要介绍如何让学生学习预测策略,掌握一定的预测方法,并将其运用于今后的阅读实践中,感受到阅读带来的快乐。

关键词：小学语文;预测策略;延伸阅读

小学语文统编教材从三年级开始每学年上册都会安排一个阅读策略教学单元,让学生学习并掌握一种实用的阅读策略。在三年级上册第四单元,教材通过《总也倒不了的老屋》《胡萝卜先生的长胡子》《不会叫的狗》三篇饶有趣味又富有内涵的故事让学生对"预测策略"产生系统的认识和了解,并掌握一定的预测方法,鼓励学生将其运用于今后的阅读实践中。

那么,如何依托这个阅读策略单元,让学生习得预测策略,并将其迁移到延伸阅读中？我们可以从以下几方面着手,借助预测策略学习将学生引向广阔的阅读天地,让学生通过阅读提升语文素养，享受阅读带来的快乐。

一、了解单元意图，明确教学方向

预测即猜想或者预想，但不是简单的猜读。它强调读者在阅读过程中依据文本内容、已有知识和经验，对后续的情节发展、故事结局、人物命运等内容进行一定的推测，并在阅读过程中验证自己的推测，在不断的推测与验证中推进阅读。在阅读过程中不断主动地进行预测，有利于激发并呵护学生阅读的初始期待，促进学生积极、主动地思考；预测得到验证后，会让学生体验到阅读的趣味和快乐。

预测阅读策略单元的主要内容都是围绕学习并运用预测的一些基本方法来编排的，单元各项内容之间相互关联，成为一个有机的整体。在整体中又做了有层次、有梯度的安排。教师在教学时要从整体入手，把握好单元内容，再做到层层递进。具体说来，预测方法是本单元最主要的"整体"，单元导语中说要"学习预测的一些基本方法"，整个单元的设计就要把握好掌握预测方法这个核心目标，在每一课中不断渗透、巩固、推进。《总也倒不了的老屋》的旁批展示了学生代表的多种预测，教师可以引导学生借助旁批内容，学习根据课文题目、插图、内容情节里的一些线索进行预测；课后练习题提示了生活经验和常识也是预测的重要依据，这些都是预测的基本方法。《胡萝卜先生的长胡子》和《不会叫的狗》是两篇不完整的故事，让学生运用之前学到的预测方法来分别预测故事发展的过程和故事的结局。可以说，第一篇课文的学习是后面两篇课文学习的基础，三篇课文的安排体现出了"学习预测—运用预测"的过程。因此,第一篇精读课文中"学习预测"十分重要,学生能否在精读课文的学习过程中学会一些预测的基本方法,将直接影响后两篇略读课文的预测实践。这就要求教师在教《总也倒不了的老屋》时,对预测的基本方法要多做一些解释、示范与指导,充分发挥好教学实效。而《胡萝卜先生的长胡子》和《不会叫的狗》的教学则放手由学生自己运用之前学到的预测方法对故事情节发展和结局进行预测。由此,整个单元的教学由教读到自读,由"扶"到"放",学习目的更明确,学习效果也将更好。

二、学习精读课文,习得预测方法

预测是符合阅读心理的阅读方法。学生在阅读活动中,多多少少都会无意识地运用这一策略。本单元的编排目的就是要引导学生将这种无意识的阅读心理转变为一种有意识的阅读技能,并能在阅读过程中不断地主动运用。精读课文的安排目的就是让学生通过课文的学习习得预测方法,帮助学生建立起预测的意识,并能自觉运用预测策略。

(一)抓住文章题目,培养预测意识

文章的题目是文章的题眼。在开展《总也倒不了的老屋》的教学时,教师可先围绕"老屋"这一主人公出示课文插图,并引导学生说说老屋留给自己的印象,让学生在问题的驱动下进行观察:"快倒了,已经倾斜""又旧又破,到处挂满蜘蛛网""门前杂草丛生"……屋子又老又破,弱不禁风,随时都有坍塌的可能。这时候,教师出示第一自然段,指导学生朗读,读出老屋之"老"。接着,教师出示课题《总也倒不了的老屋》,让学生自读课题,并引导其大胆猜测:这篇文章可能会讲些什么?引导学生在了解老屋形象的基础上,展开想象的翅膀,对老屋倒或不倒的原因进行各种猜测。在交流中使学生意识到阅读时可根据题目进行预测,培养学生的预测意识。

(二)结合内容学习,了解预测依据

预测可不是随意猜测,要有一定的依据。那么,除了根据题目还可以依据什么进行呢?学生阅读的好奇心被激发出来后,阅读的兴趣也将随之而来。

在开展《总也倒不了的老屋》的教学过程中,讲到老母鸡和蜘蛛请求老屋不要倒下时,可引导学生预测:对于它们的请求,老屋会答应吗?有的学生可能根据前面的内容预测老屋会答应;有的学生可能根据前文有关老屋的样子描写,预测老屋不会答应。

又如在每一次帮助小动物之后,老屋总是说:"好了,我到了倒下的时候了!"这时可让学生预测老屋会不会倒、接下来会发生什么。在学生交流的基础上,教师应及时总结:文章插图、题目、文章内容里的一些线索都可以成为预测的依据。

(三)借助批注和课后习题,掌握预测方法

在学生通过预测实践了解了什么是预测的基础上,教师要及时利用课文中的批注和课后习题,进一步巩固和强化学生对预测的认识,提高学生的预测能力。

首先,引导学生关注批注的位置,并交流自己产生预测的地方,从而发现可以在哪些地方进行预测。比如在题目处,可以像第一个旁批那样,通过"总也倒不了"与"老屋"之间存在的想象空间,预测本文可能是一个什么样的故事。又如在插图处,可以像第二个旁批那样,从老屋慈祥的形象预测它会答应小动物的请求。而文本内容部分,可以像第四、第五个旁批那样,借助前面反复出现的情节模式,预测后面又会有小动物来请老屋帮忙,老屋又会答应小动物的请求。

而后,引导学生关注可以预测的依据。针对题目处的旁批,可让学生讨论这位同学是根据什么作出预测的。一般而言,针对题目预测依据的是自己的生活经验和阅读经验。比如,房屋陈旧了就会倒下,这是依据生活经验;而老屋总也不倒,可能是被施了魔法,这就是依据阅读经验,学生阅读过的与魔法相关的神话、童话中有类似情节。同理,在教学中,教师要引导学生关注插图、故事的情节发展、细节描述和结局等处的旁批,引导学生思考各处旁批预测的依据。比如,"我猜到了老屋会怎么回答",就是通过与前文内容的联结而作出的预测。还要引导学生关注课后第一题前两个学习伙伴的话,思考他们预测的依据分别是什么。

同时,可以让学生回顾旁批中的预测和自己的预测有哪些跟故事的实际内容一样、哪些又是不一样的,并结合课后第一题第四个学习伙伴的话,帮助学生明确:预测的内容可能跟故事的实际内容一样,也可能不一样。教师需要注意的是,学生只要积极预测了,预测有一定的依据,无论正确与否都要给予肯定。

三、利用略读课文,提升预测能力

教师在进行预测阅读策略单元的教学时,不仅要引导学生理解课文内容,还要注意引导学生多关注理解课文内容的思考过程,将学到的预测方法迁移到不同文本中。即教师要引导学生"阅读课文—预测情节—掌握方法—再次阅读",在大量阅读实践中举一反三,提升预测能力。

本单元的三篇课文都是比较浅显有趣、结构重复的童话故事,易于进行阅读策略的迁移。学习后两篇课文时,要提醒学生勤于回顾学习第一篇时采用的预测方法。有了《总也倒不了的老屋》旁批中说到的"图中的老屋看上去那么慈祥,它应该会答应吧!"这种利用插图进行预测的认知,之后在看到《胡萝卜先生的长胡子》的插图中"胡萝卜先生拖着长胡子,旁边的鸟太太正要晾衣服"这一场景时,学生就能自然而然地联想到学习第一篇阅读时用到的预测方法,然后用同样的方法来预测这时鸟太太可能会怎么做。

此外,本单元两篇略读课文——《胡萝卜先生的长胡子》《小狗学叫》的结尾方式留给学生更多的预测空间。教材中《胡萝卜先生的长胡子》一文有意隐去了故事后面部分的情节,《小狗学叫》则有意开放性地呈现了三种结局。教师可以引导学生根据阅读提示边阅读边预测故事的发展,还可以对故事后续发展进行大胆预测。

如《胡萝卜先生的长胡子》是在《总也倒不了的老屋》之后,意在让学生在前文学习的基础上,更进一步学习预测。教学时,在学生边读故事边预测、边学习预测方法之后,教师可紧扣文末的省略号,引导学生依据前文讲到的长胡子的各种用处,结合自己的生活经验和文章的线索继续预测后来可能会发生什么事,同时思考为什么这么预测,并运用句式"当我读到……的时候,我猜……,因为……"来加以说明。如此教学,可引导学生把握预测的要点,明确可以从哪些角度去预测,充分调动学生的阅读经验和生活积累,运用已学的预测策略,在续编故事的过程中逐步掌握预测方法,提升预测能力。

四、迁移运用预测,感受阅读快乐

学以致用,是语文学科工具性的集中体现。在语文阅读教学中,阅读策略的教学,旨在让学生掌握并内化、运用阅读方法,进而促进阅读水平的提高,实现语文核心素养的提升。预测策略作为一种重要的、普适的阅读策略,不仅可以运用于课堂教学,还应该延伸到课外。教师应引导学生在课外阅读中运用,感受边阅读边预测带来的快乐阅读体验。

教师可以引导学生根据题目展开预测。针对《胡萝卜先生的长胡子》的课后第二题"读读下面这些文章或书的题目,猜猜里面可能写了些什么",教师可引导学生根据题目预测文章或书的主要内容。不同类型的题目,可以有不同的预测角度。其一,对于《躲猫猫大王》《小灵通漫游未来》《夏洛的网》这类含有人物或事件的题目,可以围绕人物的身份、经历、见闻和感受等展开预测,比如:躲猫猫大王可能是个调皮的孩子,他可能做了一些调皮的事;小灵通漫游未来时有可能看到、听到、想到一些奇异的景象;夏洛可能会有一些特别的经历。其二,对于《柔软的阳光》《帽子的秘密》这类容易引发读者疑惑的题目,可以围绕阅读时产生的疑惑来展开预测,比如:阳光为什么会是柔软的?帽子里怎么会有秘密?又会有怎样的秘密?其三,对于《团圆》这类以关键词作为题目的,可以联系生活实际,想想一家人团圆时的场景并由此预测:故事里可能会讲一家人团圆了,团圆的时候可能会发生一些温馨的故事。

教师要让学生通过对文章或书的内容的大胆预测产生阅读这些文章或书的兴趣。除了先预测后阅读的方式以外,也可以利用学生已有的课外阅读成果,在预测与阅读之间加上一个验证的过程。比如,根据题目预测故事的内容后,让读过这些故事的学生说说哪些预测跟故事的实际内容一样、哪些不一样。可以约定时间让学生聊聊自己一边阅读一边预测的经历与收获。教师还可以借助图书的封面,让学生对书的内容进行预测或者推荐其他适合三年级学生阅读的文字材料,让学生用类似的方式拓展阅读。这样的迁移每成功一次,就可以让这种阅读策略在学生头脑中的印象加深一次,逐渐帮助学生养成良好的阅读习惯。即使预测与原文迥然不同,但预测的过程因为学生之间交流的各自预测的内容而增添了趣味性。

此外,由于在上课之前很多学生已经预习过课文,对课文内容有一定的了解,所以不太适合用来检测学生对"预测"策略的掌握情况,那么向学生展示课外的阅读材料就成为一个不错的办法。教师可请学生自选课外的故事读给大家听,并引导听的学生一边听一边预测后面可能会发生什么。教师可以建议学生选取篇幅较短的故事来读,在文章的空白处、文章情节高潮处、文章情感蓄积处……停下来,请其他学生预测:下面会发生什么事?为什么这么预测?如此反复两三次就可以了。也可以引导学有余力的学生针对内容的细节展开大胆的预测。教学中,要通过此类拓展性的活动,激发学生对预测的兴趣,培养学生运用预测策略阅读课外书的意识和能力。

在阅读一本书时,边阅读边预测不仅能让学生更好地理解文章内容,还能调动学生的阅读积极性,让他们在阅读中能更主动地去思考。特别是预测之后的验证,能增强学生的阅读乐趣,让学生乐在其中。边阅读边预测,边阅读边验证边调整预测,是预测的策略,也是预测给学生带来的美好阅读体验。

参考文献

[1] 冯海波.预测:让阅读"遇见"自己[J].小学教学参考,2017(22).
[2] 陈旭兴,潘文彬."双线"并进,学习"预测":《总也倒不了的老屋》教学录评[J].语文教学通讯,2019(30).
[3] 李作芳.统编本"阅读策略单元"编写特点与教学建议:以统编本三年级上册"预测"单元为例[J].小学语文教学,2018(28).

延伸式阅读教学方法研究

——以统编版《语文》五年级上册"快乐读书吧"为抓手

上海市浦东新区明珠森兰小学 赵依婷

摘要：统编版小学语文教材在每一册中都安排了有关课外阅读的内容，旨在激发学生的阅读兴趣，培养学生的阅读习惯。为了将课外阅读课内化，让整本书阅读课程化，需要课外阅读有目的、有计划、有方法、有步骤、有评价地进行。统编版《语文》五年级上册第三单元——民间故事单元是一个很好的突破口，笔者尝试以"快乐读书吧"为抓手，探索延伸式阅读教学方法。

关键词：延伸式阅读方法；民间故事；快乐读书吧

苏霍姆林斯基说过，让学生变聪明的办法，不是补课，不是增加作业量，而是阅读、阅读、再阅读。这说明阅读对学生来说有着至关重要的作用。《义务教育语文课程标准（2022年版）》中提出第三学段（3—6年级）的课外阅读总量应不少于100万字。因此，如何扩大学生的阅读量，激发学生的阅读兴趣是每一位语文教师需要去探究的问题。而"快乐读书吧"是统编教材独有的编排，很好地契合了苏霍姆林斯基的"反复阅读"这一理念。统编教材的这一特点激发笔者思考：如何利用"快乐读书吧"进行延伸式阅读教学呢？为此,笔者选取了统编版《语文》五年级上册第三单元——民间故事单元,尝试以"快乐读书吧"为抓手,探索延伸式阅读教学方法。

一、明确单元定位,拟定阅读方法

民间故事,是继承和弘扬优秀传统文化的重要内容。因此本单元安排了两篇耳熟能详的精读课文和一篇略读课文,让学生对民间故事这一文体有一个大体的认识。"口语交际"安排了"讲民间故事"的活动,旨在训练学生将学到的方法进行实践运用。而安排"快乐读书吧"板块就是为了让学生能产生阅读中国民间故事以及外国民间故事的兴趣,初步了解民间故事的特点,感受阅读民间故事的快乐,并乐于与大家分享课外阅读的成果。

从这些目标不难看出,统编版教材"快乐读书吧"栏目的设立独具匠心,不仅可以激发学生的阅读兴趣,还能让学生积累一定的课外阅读量,学习阅读方法。对于延伸式阅读而言,激发学生阅读兴趣无疑是最基础也是最关键的一点。只有学生自身具有浓厚兴趣,才会主动进行课外阅读,进而在阅读中收获乐趣,感受快乐,体验阅读魅力。这样,也可为教师开展延伸式阅读教学奠定良好的基础。从单元整体来看,教师可以采取课内外相结合的方式开展民间故事阅读活动。课余阅读每天半小时,让学生课上交流故事内容,推进阅读,确保阅读量。单从"快乐读书吧"这一板块来看,教师可以采用丰富的活动来进行延伸式阅读教学。

"快乐读书吧"由"导语""你读过吗""小贴士"和"相信你可以

读更多"四部分组成,分别采用不同的形式推荐书目,为学生提供了更多的选择空间。"导语"把《从前有座山》这个类似于语言游戏的"讲不完的故事"作为引子,唤醒学生更多的关于民间故事的记忆,激发他们的阅读兴趣。"小贴士"点明了本次"快乐读书吧"的阅读要素。"你读过吗"和"相信你可以读更多",通过列举中外民间故事中的典型人物和经典故事,引导学生去阅读文本。在明确了"快乐读书吧"在本单元中的定位、了解了各板块特点后,就能以此为参考,开启延伸式阅读方法的探究之旅了。

二、利用各种活动,保障阅读持续

(一)借助推进绘图,推荐课外读本

阅读是要大量、持续进行的,教师在学生阅读的过程中应该起到引领者的作用,运用多种方法促进学生进行延伸式阅读。在"快乐读书吧"教学伊始,教师可以先让学生采用多种途径搜集民间故事,可以做成整理记录卡,也可以做成情节推进图。笔者借口语交际讲民间故事的契机,让学生制作了情节推进图,用简洁的语言写清楚自己想推荐的民间故事的起因、经过、高潮和结果,还引导学生通过绘画等形式丰富内容,使其更加趣味化,完成后在口语交际课上进行交流分享。课后将情节推进图进行回收,留到对比阅读活动时用,借此引导学生去读更多的故事,保障阅读的持续进行。

学生对于这样的情节推进图非常感兴趣,乐于去制作并与同伴分享自己的故事。在口语交际过程中利用情节推进图不仅能使学生把故事讲清楚,达到口语交际的预期目标,还能激发其他学生阅读这本书的兴趣,提高学生对于阅读的期待(图1是部分学生作品)。

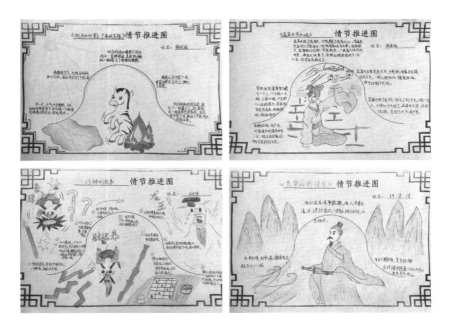

图 1　部分学生作品

(二) 借助预测文本,激发阅读兴趣

学生对于未知的东西总是充满好奇的,大胆预测也是语文阅读策略之一。"快乐读书吧"的"你读过吗"栏目只向我们展示了《田螺姑娘》这个故事的节选,书中材料的戛然而止可以激发学生进一步探索阅读的兴趣。教师不妨借助预测的方法设计这样的教学环节:

> 师:像《从前有座山》这样耳熟能详的民间故事还有很多,你读过《田螺姑娘》吗？把书翻到第 47 页,书上提供的是田螺姑娘这个故事的节选,请你自己先读一读。边读边想这段故事主要讲了什么。借助插图,谁能按事情发展的顺序说

说看?

生1:起因是……经过是……结果是……

师:这位同学抓住了故事的起因、经过、结果,说清楚了故事的主要内容,说得不错。展开想象,猜猜看故事后面会怎样发展。

生2:田螺姑娘发现年轻人不再勤劳,就不再出现,回到天宫继续当仙女去了。

生3:年轻人意识到了自己不该这么懒惰,他后来通过不断钻研改善了当地土壤的环境,使得庄稼的收成更好了,造福了当地的老百姓。田螺姑娘见状又重新出现在了年轻人的面前。

师:看来你们已经对这个故事产生了浓厚的兴趣。打开你面前的信封,自己读读这个故事后面的部分吧。

……

民间故事作为一种口头文学作品,具有通俗易懂、想象丰富的特点,是学生很感兴趣的文学作品类型。让学生自主预测故事后续的发展,学生的答案有可能大大偏离文本,但是教师无须揭示故事的后续,只需要认可和肯定他们的想法,给予学生自己验证预测是否准确的机会,以此来激发他们的阅读兴趣。笔者把后续的故事藏在信封中,当学生拆开信封时,无论是喜悦或是失落,都是他们阅读课外读物的一种很好的体验。

(三)借助课内对比,归纳文本特点

阅读不仅仅是为了激发学生的阅读兴趣,同时也为了让学生在阅读中了解文本的特点，掌握一定的阅读方法。本节课就适合使用对比阅读、快速阅读、预测、做批注等阅读方法。

课堂上在学生阅读完整的《田螺姑娘》之后，趁着学生阅读兴趣高涨的热度，笔者再次出示故事的结尾，引发学生思考：这个故事的结尾跟我们学过的哪一个民间故事的结尾很像？学生就会不由自主地回顾已学的两篇民间故事《牛郎织女》和《猎人海力布》。不难发现，这个故事的结尾和《牛郎织女》的结尾有相似之处，从而引导学生归纳文本的第一个特点——它寄托着人们朴素的愿望。那么学生会进一步产生思考：这两个故事还有什么相似之处呢？这时候就可以采用小组合作形式的课内对比阅读探究活动（如表1所示）。学生们在小组内踊跃讨论，一个个精彩的回答令人惊喜，学生的生成远高于教师的预设。通过这样的对比阅读，可以让学生更直观地了解中国民间故事的特点，也方便学生在阅读课外民间故事时采用这样的方法。

生1：我们组发现里面的主人公大多具有相似的性格特征，田螺姑娘和牛郎织女是这样勤劳善良，我读过的《猎人海力布》里的主人公海力布也是这样。

生2：我们组发现这两个故事的开头都不是一个具体的时间，我奶奶给我讲故事的时候也会用"很久很久以前"作为开头。

生3：这两个故事都很曲折离奇，主人公都是经历了一番挫折之后才幸福地生活在一起的。

……

表 1　阅读探究单 1

将《牛郎织女》和《田螺姑娘》这两则中国民间故事进行对比，看看它们有什么相似之处（故事情节模式、主人公性格特征、故事结局、表达的愿望）。	
故事一	故事二
故事题目：《牛郎织女》	故事题目：《田螺姑娘》
相似之处：	

（四）借助课外对比，初探文化魅力

如果说前三种活动是激发学生的课外阅读兴趣、让学生了解阅读方法、为学生更广泛地阅读其他民间故事奠定基础的话，那么课外对比阅读探究活动是真正意义上在课堂上开展的延伸式阅读活动。

先让学生通过自读"相信你可以读更多"栏目，初步了解更多的外国民间故事，再让学生基于口语交际教学的课外阅读的情节推进图，进行中外民间故事比较阅读。可以设计类似阅读探究单 2 的阅读任务（如表 2 所示），继续采用四人小组合作探究的方式，从四个人选读的故事中选出两个故事。这个过程不仅是要考验学生对对比阅读方法的掌握情况，更是要学生能够带着这样的阅读任务把自己选的外国民间故事用简要的语言跟同伴讲清楚——这是一个分享推荐的过程，无疑可以更大程度地激励学生持续阅读更多的课外文本。

课外对比阅读的形式旨在引导学生站在作品辨析的角度审视作品,从多维度探究两者的相似之处。一方面能让学生更好地从整体把握民间故事的主要特点,品读民间故事的语言特点、角色设定、阅读价值等,在阅读中不断积累,感悟文本特色,了解我国文化以及中外文化的差别,激发更为广泛的阅读兴趣,了解世界各民族的文化魅力。另一方面可以引导学生在学习过程中实践阅读方法,从课内延伸向课外,开发"N"乃至无穷的阅读行为,进一步激发学生阅读课外民间故事的兴趣。

表2 阅读探究单2

将中外民间故事进行比较,看看它们有什么相似之处(故事情节模式、主人公性格特征、故事结局、表达的愿望)。	
故事一	故事二
故事题目:_____	故事题目:_____
相似之处:	

三、走进阅读世界,提升学生能力

冰心先生用"读书好,多读书,读好书"这样的九字箴言告诉学生读书很重要。因为读书不仅能让学生体会书中人物的鲜明性格,扩大知识面,还能让学生品味到人的真善美。要想走进阅读的世界,看到更广阔的天地,就需要多读、好读、读好。

"快乐读书吧"栏目设立的目的也不仅仅是向学生推荐几本讲民间故事的书,而是以此为抓手,让学生的阅读兴趣得以激发,听、说、读、写能力得到提升。除了上文提到的四种阅读活动,还可以让学生在阅读前进行同一类文章的收集,如:动物故事、生活故事、民间寓言、民间笑话等。学生可以挑选自己感兴趣的类别进行收集,然后在阅读兴趣小组中进行交流分享;可以让学生在阅读时制作人物卡片、情节推进图、故事预测卡、阅读记录卡等;可以让学生在阅读后撰写读后感、续写故事、制作读书小报、编排课本剧、绘制故事连环画等;也可以让学生根据自己所处年段的特点,选择适合的特色活动。

　　在活动开展的过程中,学生对延伸式阅读兴趣的提升是显而易见的,这是学生进行海量课外阅读的"敲门砖"。学生语言表达——"说"的能力得到了锻炼,与此同时,"听"的能力也得到了锻炼和提升,其背后又是思维品质锻炼和提升的外显,这些语文素养和能力的锻炼是学生进行海量课外阅读的"馈赠"。愿教师们从"快乐读书吧"起步,开启属于自己的延伸式阅读方法研究之旅,让学生真正走进阅读的世界。

参考文献

苏霍姆林斯基.给教师的一百条建议[M].杜殿坤,编译.北京:教育科学出版社,1984.

依托预测单元 推进学生延伸式阅读
——以统编版《语文》三年级上册第四单元为例

上海市浦东新区明珠森兰小学 任志萍

摘要：预测是一种十分有效的阅读策略，它是学生应学习并掌握的基本阅读方法之一。本文先分析预测单元的编排思路，再介绍运用多种方法激发学生的阅读兴趣，帮助学生掌握预测方法，最后为他们搭建展示平台，让阅读从课内走向课外，推进学生延伸式阅读，使阅读更高效。

关键词：预测；阅读教学；能力提升；延伸式阅读

统编版语文教材从小学三年级开始就编入了"阅读策略"单元。对于学生来说，这是一个福音——它的出现能够引导学生学习并掌握基本的阅读方法，培养运用阅读策略的意识。但对于老师来说，这是一个巨大的挑战，因为这意味着小学语文教学真正开始由"教课文"向"教阅读"转型。那么如何依托阅读策略调动学生的阅读积极性，增强阅读趣味性，提高学生的阅读能力，从而推进学生进行延伸式阅读，让他们不仅成为阅读的积极参与者，还成为阅读的发现者和创造者呢？

笔者以统编版《语文》三年级上册第四单元"预测"单元为例，具体谈谈引导学生进行延伸式阅读的方法与策略。

一、预测单元的编排思路

本单元是预测单元。所谓"预测"，是一种自然存在的阅读心理。学生在阅读时，可能会无意识地运用这一策略。他们会凭借书籍的封面、标题、插图等信息对阅读内容进行简单的推断，在"假设—阅读—验证假设"的过程中不断推进"深度阅读"，从而极大提升阅读能力。

(一) 从教材安排上来看

本单元共有三篇课文：一篇精读，两篇略读，体现出从学到用的编排思路。这就要求教师在教学时要树立整体的阅读教学观，帮助学生建立起单元各部分内容之间的联系，让单元内容形成一个有机的整体，在层层推进中促进语文要素目标的落实。具体来看，精读课文《总也倒不了的老屋》主要是教给学生一些基本的预测方法，让学生能够基于阅读实践并借助学习伙伴——旁批的示范学习如何预测；在略读课文《胡萝卜先生的长胡子》中，让学生结合课后习题，进行预测的练习；在《小狗学叫》中，让学生运用预测的策略预测课文结尾，并能够独立对文本内容进行预测。

(二) 从文本的内容和结构来看

本单元三篇课文都是故事类的文本，学生对于此类型的文章阅读兴趣极大，这对开展预测阅读策略的学习起到很大的推动作用。除此以外,仔细观察还会发现三篇文章在结构上都有循环反复的特点,这为学生写作上的仿写、续写提供了参考。

(三) 从中外故事类型来看

本单元三篇课文中的前两篇是中国故事,第三篇是意大利的故事,不同国家的故事叙述方式也会有明显的不同,学生可以抓住不同,感受来自各个国家的作者在写作风格上的迥异。

基于以上几点,笔者尝试借助多种方法,激发学生阅读兴趣;帮助学生掌握预测方法,提升阅读能力;搭建多个展示平台,深化预测效果。

二、借助多种方法,激发阅读兴趣

(一) 巧用导语,引"生"入"胜"

在进入新一单元学习之前,笔者借助三年级上册第四单元导读主题"猜测与推想,使我们的阅读之旅充满了乐趣",来激发学生的阅读兴趣。笔者有意识地引导学生通过单元导语页面,初步了解"本单元将会有什么,将要学习什么,我们要怎么做"。打开本单元导语页面,映入眼帘的是一幅风景画。在这幅风景画中,能清晰地看到树林、村庄、河流等。这其实就是对预测的暗示:沿着不同的方向,可以到达不同的地方,看到不同的风景。教学时,笔者先让学生仔细观察插图,再提出问题:假如你就是游客,你最想到哪个地方?为什么?有的学生说想到树林里去看看,因为那里会有各种各样的大树,说不定还会有奇珍异兽,多刺激;有的学生说想去河边玩,因为河里有小鱼小虾,河水哗哗,悦耳动听,让人陶醉;

有的学生则说想去村庄逛逛,看炊烟袅袅,闻鸡鸣狗吠,感受一下惬意的田园生活。就这样,学生七嘴八舌地讨论起来,学习前的热身活动让学生迫不及待想踏上快乐的阅读之旅。

(二)改变形式,一反"常"态

传统的语文教育中强调感受式阅读,重视感悟和体验,如"读书百遍,其义自见"。而预测单元的教学,配套的教师教学用书中提示教师不要让学生预习课文,以此确保学生预测的精彩与真实,但实际上这种做法更加激发了学生的阅读兴趣,学生们会在课前饶有兴趣地、"偷偷地"把文章从头看到尾。这种新颖的预习方法,为接下来实施、开展预测策略的学习做好了铺垫。

除了预习形式的改变外,教材的编排也给学生留下了预测的空间。比如《总也倒不了的老屋》中有意省略了还会有其他动物向老屋请求不要倒下的情节。《胡萝卜先生的长胡子》中省略了故事的发展和结局。《小狗学叫》省略了三种不同的结局。这种看似"不完整"的内容,实际上大大提高了学生的阅读、预测兴趣,让学生在真正展开阅读时就像"饥饿的人扑到面包上"。当然,需要指出的是教师要让学生明白,预测的结果可能会与文本内容一样,也可能不一样,但都是可以的,这就是预测的魅力。只有这样,才能使学生真正对预测阅读产生兴趣。

三、掌握预测方法,提升阅读能力

这一单元的语文要素是"一边读一边预测,顺着故事情节去猜想。学习预测的一些基本方法。尝试续编故事"。这里所谓的预测,不是没有依据地凭空乱猜,而是引导学生一边读一边预测,将策略教学与课文教学有机融合,教会学生一些基本的预测方法,帮助他们逐渐提升阅读能力。因此,方法的习得显得尤其重要。

(一)科学预测,总结方法

一边读边预测意味着学生在阅读时要随时预测,但预测必须要具备科学性。因此,在教学时教师应采用先"扶"后"放"的教学方式,帮助学生在预测时学会方法,进而触类旁通。

《总也倒不了的老屋》是一篇精读课文,也是指导预测方法的极佳范本。这篇课文有许多旁批,它们可以成为教学时的好帮手,不时地提醒学生进行预测,引发学生深入思考,也可以成为学生的"小拐杖",搀扶他们前行。比如,在进行课题质疑时,学生提出"老屋为什么总也倒不了?",在书的左上角有一处关于课题的旁批"老屋总也倒不了,是被施了魔法吗?",学生就可以结合阅读经验进行大胆预测。同时,文中的插图也可以帮助学生预测。例如,在小猫请求老屋帮助时,老屋怎么做的?学生可以借助插图中老屋慈眉善目的形象以及和蔼可亲的笑容进行预测:老屋可能会答应小猫的请求。接着,关注重复出现的语言结构,联系上下文也可以帮助学生预测将要出现怎样的情节,降低预测的难度,让学生感受到童话故事结局既是意料之外又在情理之中。最后,当预测结束后,教师再把原文和学生预测的结果进行对比,让他们及时进行修正。

从精读课文中学习预测方法,在略读课文中实施运用,可让学生真正学会举一反三。

（二）借助资源，提高效率

《语文教师教学用书》中指出，课后习题应当成为教学课文和检测学习情况的主要依据。由此可见，除了批注以外，课后习题和文本前面的阅读提示也十分重要。课后习题是教材文本的重要组成部分，每道题目都是精心设计的，是课文学习向课外延伸的基点。教师在教学时可以结合语文书和练习册上的相关题目，帮助学生整理出学习中可能会遇到的难点，并指导他们如何解决。例如在学习《小狗学叫》时，学生对于三种不同的结局展开热烈的讨论，教师可以借助练习册上的表格帮助学生梳理文章脉络，把争论点细化、清晰地总结并呈现出来，再针对不同的结局请不同的学生进行交流并提供依据，对于不同结局教师都要以接纳、鼓励的形式肯定。这样，学生在学习时难度降低，自信心也油然而生，学习效率自然提高。

（三）预测先行，贯穿始终

上课前，学生在初读文本后，特别想知道自己的预测是否准确，这种强烈的情感会促使学生在后续学习时迸发出更强烈的阅读期待与阅读参与，但这只是"万里长征的第一步"。接着，教师应在教学时抓住各种契机培养学生的"预测"意识和习惯，多问几句"接下来将会发生什么事呢？你怎么知道的？"等，让学生把"学"和"思"、"阅读"和"预测"紧密联系在一起。当然，基于学情，教师应在课堂互动时多引导学生带着"猜想"去读，尝试联系前后文来读，在揣摩人物角色、猜测情节时可以使用旁批写下自己的感受、想法。教学完成后，教师仍可以鼓励学生继续进行"猜"，运用"猜测与推想"创编、续写故事,为写作打下坚实的基础。

当然,对于三年级的孩子来说,要想达成"一边读一边预测"的目标,需要求学生在阅读的过程中对文本进行前后的融会贯通,并学以致用,把课内的交流学习延伸至课外的阅读实践。这将是一个漫长而艰辛的过程。

四、搭建展示平台,深化预测效果

在预测阅读单元的学习过程中,除了精读课文和略读课文为学生提供了一边读一边预测的学习经历以外,课后习题也有不少让学生进行预测的实践活动。如《胡萝卜先生的长胡子》一课有这样一道课后习题:"读读下面这些文章或者书的题目,猜猜里面会写了些什么。《躲猫猫大王》《夏洛的网》《帽子的秘密》《柔软的阳光》《团圆》《小灵通漫游未来》。"这些题目为学生的预测提供了有力的凭借,同时也为他们提供了更加广阔的操练平台。

经过一阶段的学习,学生已经具备了一定的预测能力,这时,教师就可以让学生运用学过的预测阅读策略,由课内阅读走向课外阅读了。教师可以向学生推荐《十五岁的小船长》《稻草人》等,当然,也可以是学生自由选择喜欢阅读的读物。接着教师可以根据学生所选读物的题材、类型等帮助学生分好小组,并选好组长,指导组长制订好阅读计划,鼓励小组成员互相提问,自主讨论,展开预测交流活动。如阅读《十五岁的小船长》的小组,教师可以让学生根据"流浪者号"上面出现的人物、情节等进行预测,在完成整本书的阅读后再进行班级内部交流,检测自己预测的内容是否正确。如果不正确,教师要帮助学生提取阅读中的信息,寻找到正确的预测方法,在"阶段性预测—验证—再预测"的过程中,让学生走向深度阅读。

当学生具备了一定的预测能力后,教师还可以给学生布置整本书阅读的任务,让学生对整本书进行预测。学生在阅读时,可以用读书笔记的形式把自己的预测记录下来,在不断验证预测的过程中收获课外阅读带给自己的快乐。

当然,教师也可以鼓励学生走出班级交流平台,向校级甚至更广阔的平台努力,拓宽学生的知识面,增强学生的阅读能力和语文学习能力,提升学生的核心素养。

预测只是阅读策略中的一种方法,所以要延伸,并且要不断地延伸。所有的技能都是在不断反复中逐渐掌握的。教师能做的是在教学时让学生在一次次的预测中获得肯定,体验阅读的快乐,促进他们语文阅读能力的提高,从而提升他们的阅读素养,让学生在阅读的时候自觉运用学到的方法策略,从课内走向课外,使阅读真正走向高效。

参考文献

姜群.巧用预测策略,提高阅读能力:谈阅读策略在课外阅读指导中的运用[J].语文世界(教师之窗),2020(11).

巧借教材,探索小学语文延伸式阅读教学

——以统编版《语文》五年级上册第四单元为例

上海市浦东新区明珠森兰小学　李佳芸

摘要: 阅读能力是语文素养的一种重要体现,延伸式阅读教学是指教师通过培养学生阅读兴趣、拓展课堂知识,科学推荐课外读物,进而使学生更好地了解文章内容,体会情感。因此,教师要充分重视并掌握延伸式阅读教学的策略和手段,提高阅读教学质量,培养学生的语文能力。

关键词: 小学语文;课堂教学;延伸式阅读

阅读是学生获取知识、拓宽视野的一把钥匙。正如温儒敏教授所指出的,在大语文时代,教师既要注重课堂教学质量,又要重视学生课外阅读情况。因此,如何将课堂教学有效延伸到课外阅读,是需要教师思考的。如果找准课内外阅读的契合点,相互补充渗透,那么就能激发学生的阅读兴趣,帮助学生掌握正确的阅读方法,开阔视野。

统编版《语文》五年级上册第四单元以"爱国情怀"为主题,编

排了精读课文《古诗三首》《少年中国说（节选）》《圆明园的毁灭》和略读课文《小岛》，展现了中国人代代相传的爱国情怀，表现了中国人"天下兴亡，匹夫有责"的责任感和使命感。四篇课文虽然形式不同，但都表达了作者的爱国主义情感。笔者在这个单元的教学中，尝试探索小学语文延伸式阅读教学。

一、借助要素，激发阅读兴趣

孔子说："知之者不如好之者，好之者不如乐之者。"阅读兴趣非常重要，有了阅读兴趣，学生才会更主动地去进行课外阅读。统编版小学语文教材每个单元都明确了语文要素和人文要素，教学课文时不能单篇割裂地看，需要有单元整体意识。第四单元语文要素为"结合资料，体会课文表达的思想感情"，人文要素为"浓浓爱国情"，教师应引导学生有目的地查找和合理运用资料，这是帮助学生提高阅读理解能力的方法之一，能提升学生阅读兴趣，达到延伸阅读的目的，从而也有助于学生深入体会人物的爱国之情。基于此，笔者设定的每课教学目标如表1所示：

表1 教学目标

第四单元：爱国情怀	
课　　题	教　学　目　标
12　古诗三首	能借助题目、注释和相关资料，理解古诗内容，体会诗人表达的情感
13　少年中国说（节选）	借助注释和资料，理解课文内容，体会少年中国与中国少年之间的联系

续 表

第四单元：爱国情怀	
课　题	教学目标
14　圆明园的毁灭	能结合相关资料，理解"圆明园的毁灭是中国文化史上和世界文化史上不可估量的损失"
15*　小岛	结合资料和关键语句了解我国守岛部队的生活，体会人物的思想感情

这四篇课文离学生生活的时代较为久远，因此补充相关资料帮助学生理解课文内容和体验情感尤为必要。例如笔者在教学古诗《示儿》前布置预习作业，让学生查找关于《示儿》的相关资料。学生已在中年级学过查找、整理资料的基本方法，并对能够用自己喜欢的方式查找资料非常感兴趣，但结合课文学习的目的查找和运用资料对学生来说有一定难度。笔者提醒学生带着问题查找资料，如陆游当时所处的历史背景、陆游一生的遭遇等，这些资料的补充有助于提高课堂教学效率。能力较强的学生还查找了同朝代和陆游有类似遭遇的诗人及创作的古诗，如李清照的《夏日绝句》。

在教学时由于古诗字数比较简短、表达方式与现代的不同，学生对其理解有一定的困难，难以集中注意力，因此笔者还借助多媒体图片和视频资料，"还原"当时陆游临终前未能等到祖国统一的悲伤和向儿子交代"家祭无忘告乃翁"的遗愿。有了这些补充和铺垫，学生对《示儿》内容的理解更深刻、对陆游深沉的爱国之情更能感同身受了，也更愿意去读、去了解更多的古诗文。

二、科学推荐,鼓励延伸阅读

课堂时间是有限的,学完一堂课不代表一篇课文就完全学好了,教师应围绕课堂教学,开展课后延伸阅读活动,进行科学、有针对性的指导,让学生利用课余时间进行延伸学习,有效开展阅读训练。

(一)以方法运用为阅读延伸点

每一个单元都有精读课文和略读课文。精读课文是略读课文的基础,是呈现语文基础知识的主要阵地,重在进行语文能力培养;略读课文则是精读课文的补充,即陶行知先生所说的由"心知其故"到"经常历练",重在运用学到的语文方法和能力进行自主阅读和学习,进而运用到课外阅读中。

在本单元前三篇精读课文教学中,通过教学,学生懂得了有目的地查找资料和运用资料的时机,如理解有困惑需要解决处、课文简略需要扩充处、情感体验需要加深处。接着在教授略读课文《小岛》的时候,笔者引导学生根据本课阅读提示和前几节课学到的查找资料的方法,在课前自主查资料,在课上进行交流分享。教学片段如下:

(此片段教学目标:结合资料和关键语句了解我国守岛部队的生活,体会人物的思想感情)

师:将军感受到守岛战士艰苦奋斗的精神,对战士们满怀深深的敬意,那海防战士生活到底有多艰苦呢?请你自己读课文,从文中找找。

生:小岛上树少,草少,土也很少,意味着没法种蔬菜。

师:是啊,岛上蔬菜很难生长,那从外面运来蔬菜可以吗?谁来继续说。

生:就算是运来的蔬菜也无法保存,战士们主要靠吃罐头,战士们的牙龈会溃烂,身体免疫力会下降。

师:你把第一个原因说完整了,还有什么原因吗?

生:即使战士们从家乡带来了土和种子,他们也只能一个星期吃上一次蔬菜,远远不够身体所需。

师:说的真不错,其实战士们艰苦的生活不止如此,你还有什么了解吗?

生1:我查资料知道这个小岛在赤道附近,那里的天气非常炎热,战士需要有惊人的毅力。

生2:小岛是远离大陆的,生活也很枯燥。

生3:我想对刚才同学的回答进行补充。虽然文中提到海防战士从老家背米和蔬菜回来,但他们大部分时间都不能回家,逢年过节也是这样,更不用说见到父母家人了。

师:同学们能查找资料,帮助自己加深对课文的理解,也进一步了解了战士们艰苦的生活,真不错!

在这个过程中,笔者提出一个问题,驱动学生去了解海防战士生活的艰苦,把学习的主动权最大限度地交给学生,给学生最大的学习和思维活动空间,学生通过查找资料的方法和策略进行自读自悟,营造主动阅读的良好环境。

（二）以相同作者为阅读延伸点

学生在课堂上认识了一位作者后，教师可以向学生推荐该作者的其他作品。例如在学习完《少年中国说（节选）》后，笔者提出：梁启超是怎样成长起来的？是什么促使他有强烈的爱国心，发出"吾心目中有一少年中国在"的呐喊？鼓励学生去阅读关于梁启超的其他书籍，笔者推荐的书籍有熊权著的《书生报国——梁启超传》和梁金河编著的《大道之源——梁启超真解》，达到课堂教学与延伸阅读的相互补充渗透。这不仅可以让学生进一步体会梁启超的爱国情感，也让热爱祖国的种子在学生心中萌芽，使其立志成长为像梁启超一样的时代弄潮儿。

（三）以同一主题为阅读延伸点

在学生感受到名人名篇中的爱国情怀后，教师可以向学生推荐体现同一情感主题的其他著作。学生可以阅读《圆明园的毁灭》课后的"阅读链接"《七子之歌（节选）》中的两首诗和《和平宣言（节选）》，并在课后继续拓展阅读《七子之歌》另外的五首诗和《和平宣言》其余内容。笔者请学生结合查找的资料谈谈其理解，学生能体会到作者对祖国的赞美以及对祖国统一、和平的呼唤，同时加深了对课文中圆明园"毁灭"原因的理解，利用课外延伸提高了课堂实效。

三、实时反馈，加强交流指导

学生对课外知识有强烈的求知欲，但如何有效地进行课外阅读、检验自己阅读的效果呢？组织交流反馈是很有必要的。学生从交流讨论中一方面能比较自己和他人的阅读量,了解自己没有看过的书,另一方面能吸收别人更好的阅读方法,提高自己的阅读效率。交流分享的方式有很多,例如口头交流,写读书笔记、读后感,参加知识竞赛等。

例如,学生在学习完《少年中国说(节选)》后阅读了该作者的其他书籍,然后笔者让学生以小组的形式根据提出的问题进行交流分享。学生用两个星期的时间,自由分组,围绕梁启超这位爱国人物探究其立志报国的原因,最后在班级中进行分享。

在这个过程中,笔者欣喜地看到学生分组和讨论的热情高涨,笔者引导阅读和理解能力较弱的学生和能力较强的学生组队,能力较强的学生在队伍中担任组长,起到引领作用。其中一个小组还通过调查问卷的形式向大家展示他们借助课外书籍对梁启超展开的研究。这个小组根据课外书籍中所获得的知识,在问卷中设计的核心问题之一是:通过课内外阅读,你觉得下列哪部作品是梁启超最有代表性的作品?(图1为调查结果,70%的同学觉得《少年中国说》是梁启超最有代表性的作品)

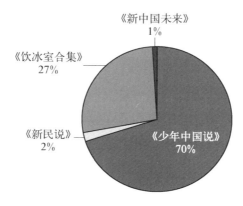

图1 梁启超最有代表性的作品调查结果

该小组在调查问卷中还设计了一道简答题以了解现今同学们的爱国情怀,问题为:了解梁启超的爱国事迹后,你觉得今天的我们应该如何爱国?(图2所示为部分同学的作答)

17	①,我们从小要树立为实现强国梦而学努力学习科学知识,掌握本领立志成才,将来报效祖国。②,自觉维护国家的尊严、荣誉和利益。③弘扬民族精神,民族自尊心,以实际行动做中华民族精神的传播者和实践者。④,不做任何有损国家尊严和国家利益的事,从小培养自己的爱国情操。
18	我觉得我们应该为国家多做一些力所能及的贡献,弘扬中华民族的传统美德
19	①,从小树立为实现强国梦,而努力学习,掌握科学知识,立志成才,将来报效祖国;②自觉维护国家尊严、荣誉和利益,绝不做损害国家尊严和利益的事;③以实际行动做中华民族精神的传播者和实践者。
20	牢固树立正确的祖国观、民族观、文化观、历史观,把爱国主义精神贯穿学习过程之中
21	好好学习,遵纪守法,帮助他人

图2 学生爱国情怀调查结果(部分截图)

通过交流活动,学生将课堂所学和课后阅读相结合,仿佛走进了梁启超所在的那段风云变幻的岁月,深刻理解了他的百年强国梦,进一步激发了自身的民族自豪感和爱国情怀。这样的阅读方式让学生感到有趣,同伴间又能相互影响,在产生兴趣后学生会主动阅读,从而更好地了解课文内容。

《义务教育语文课程标准(2022年版)》提出要"多读书、好读书、读好书",小学语文教师应打破语文课本的局限性,借助教材延伸阅读,根据不同阶段学生的身心特点,教给学生多种阅读方式,激发学生的阅读兴趣,为学生科学地选择阅读读物,将课堂与课外拓展阅读相融合,拓宽学生视野,培养学生阅读能力,为语文学习奠定良好基础。

参考文献

张坤炽.以教材为生发点,有效拓展阅读[J].广东教育(综合版),2010(Z1).

和大人一起读
——有效开展一年级语文延伸式阅读教学

上海市浦东新区明珠森兰小学　肖晓华

摘要：本文主要立足于小学一年级延伸式阅读教学，以"和大人一起读"栏目为抓手，进行延伸式阅读教学"1＋N＋∞"模式的探索，尝试建构课内教读、自读和课外阅读"三位一体"的阅读课程体系，充分发掘"和大人一起读"的积极意义，提升教学价值，有效开展贴合一年级学生实际的有效的延伸式阅读。

关键词：一年级；和大人一起读；延伸式阅读

一年级学生有着年龄小、注意力不够集中、识字量少等特点，学生的语文课外阅读往往需要大人的监督。一年级统编版语文教材中"和大人一起读"栏目选文难度适中，文段容量合适，符合学生的认知规律，同时也能为课内学习的阅读技能做拓展铺垫，让阅读技巧真正落实到实践当中。这一栏目可以成为联通课内外阅读的桥梁，巧借该栏目激发学生阅读兴趣，帮助学生选择合适的书籍、培养良好的阅读习惯，给予学生以及家长恰当、适时的指导将是一年级延伸式阅读的突破口。

"和大人一起读"这一教学资源往往被教师忽略,有的教师过度解读,没有给学生留下思考空间;有的教师对其放任自流,认为这是家长的任务。教师对教材的解读不充分,导致这一栏目的教学价值无法充分发挥。笔者认为,教师要把握好"教"与"不教"的度,充分利用教材资源,掌握不同体裁文章的阅读方法,重视此环节的方法提炼与指导。为此,笔者尝试开展延伸式阅读教学"1＋N＋∞"模式的探索,尝试建构课内教读、自读和课外阅读"三位一体"的阅读课程体系,充分发掘"和大人一起读"这一栏目的积极意义,提升教学价值,有效开展贴合一年级学生实际的有效的延伸式阅读。

一、精准剖析"1",阅读得法

"1"是指教材内的选文,可以是单篇课文,可以是"快乐读书吧",可以是统编教材中专门为一年级学生设置的"和大人一起读"的板块。课内学好阅读方法:"单篇的课文"可根据单元主题精心设计,将基础的阅读方法进行渗透。"快乐读书吧"栏目侧重读书方法策略的指导,激发学生阅读兴趣。笔者在设计一年级延伸式阅读时更侧重于"和大人一起读"这一教学环节的作用,教学时铺垫方法,拓展阅读,开展各种共读活动,落实延伸式阅读。

一年级语文教材在每个单元的最后都设置了"和大人一起读"这一栏目,共收录了16篇文章,帮助开展亲子阅读或者师生共读,促进交流分享。其体裁包括童话、寓言、诗歌、童谣、绕口令和散文六种。不同的文体有自身不同的特色,教学时教师可以把握住这些体裁的特点进行类文阅读和方法迁移。

1. 童话、寓言

童话、寓言故事性强、情节曲折、人物形象饱满，适合用分角色读、角色扮演、故事续编等方式复述课文内容，厘清内在逻辑关系。可以指导学生通过圈画、预测、提问等方式抓住主要信息阅读，这样能提高阅读的效率。

2. 诗歌、童谣

诗歌、童谣等就不适合用略读和浏览的方法，诗文需要学生首先能理解，然后还要学生诵读积累，所以对于这两类的文章一定要多读、精读。诗歌、童谣节奏感强，韵律十足，可以让学生配乐唱着读、拍手读，你问我答地互动读。学生通过朗读可以更好地感受语言的节奏感、韵律感。低年段的诗歌通常还具有回环往复的特点，还可以对其进行再创作，深化理解。

3. 绕口令、散文

绕口令趣味性强，适合比赛读；短篇散文语言优美、饱含情感，适合精读细品、想象画面，可以让学生在大人的帮助下感受语言的魅力。李吉林提出的情境教育法也适用于此，可以用语言描述情景，用精美具象的画面再现情景，用动听的声音渲染情景，用美读深化理解。

"和大人一起读"不仅是一种具体的阅读的方法，而且体现了由课内阅读向课外阅读延伸的一种策略，在阅读材料中可以帮助学生习得阅读方法，为学生的课外阅读做好准备，播下独立阅读的种子。

二、有序延伸"N"，"约读"有法

《义务教育语文课程标准（2022年版）》（下文简称《课程标准》）明确规定：第二学段（5—6年级）的课外阅读总量不少于100万字。

要求一、二年级学生的课外阅读总量不少于5万字。根据这一要求，一年级学生每学期阅读量应该达到1万字以上。究竟读什么，怎么读，如何"和大人一起"落实，需要教师在开学前就制订整体计划，在学期中做好具体指导，在与家长、学生的默契"约定"下，引导学生在半开放的"N"类书籍延伸阅读中有效持续阅读。

(一) 读什么——书籍的"N"类选择

《课程标准》要求低年级学生借助拼音认读汉字。因此，一年级的课外整本书阅读也需要借助拼音的帮助，是否有拼音也是一年级学生的课外书目选择依据之一。《课程标准》中关于低年级课外阅读的要求有："喜欢阅读，感受阅读的乐趣""借助读物中的图画阅读""阅读浅近的童话、寓言、故事，向往美好的情境，关心自然和生命，对感兴趣的人物和事件有自己的感受和想法，并乐于与他人交流"。教师可以据此进行一年级课外阅读书籍的选择。

1. 统编版教材推荐

统编版教材最引人注目的地方就是有系列丛书引导。一年级上册推荐的名著阅读课程化丛书《和大人一起读》一共四册，编选了多篇优秀的儿歌、童谣和简短的故事，故事新奇有趣，角色性格丰富；下册推荐曹文轩、陈先云编著的《读读童谣和儿歌》，书中的童谣、儿歌内容简短，配有充满童趣的插图，内容生动有趣、朗朗上口，蕴含丰富的自然知识、人文知识，学生通过熟读童谣便能获取知识。一年级学生延伸阅读时，可首选这些文学作品。

2. 关联阅读推荐

在推荐书籍的时候可以考虑以课本为基础，进行关联推荐，如写法关联：学完儿歌《谁会飞》后关联阅读一问一答形式的《谁会叫》,加深对这种趣味性的儿歌形式的感悟。选编书籍关联:学完寓言故事《狐狸和乌鸦》后关联阅读文章出处《伊索寓言》,了解更多故事和道理。内容关联:学完和传统文化有关的童谣《剪窗花》后关联阅读内容相关的《端午粽》。体裁关联:学完绕口令《妞妞赶牛》,关联阅读简短经典有趣的绕口令等。

3. AI分级阅读推荐

在指导学生阅读整本书时,要充分考虑学生识字量的情况,学生所读书籍的字数不宜过长,否则会令孩子对课外整本书阅读产生畏难情绪。教师还可以通过专业机构AI分级筛选,根据学生的识字量进行适合一年级阅读书目的推荐供家长参考选择。

(二)怎么读——有效指导

一年级学生因其年龄特点和识字量的局限性,更多时候需要和大人一起阅读。阅读过程中,教师可对阅读主体进行具体指导,提升效率。

1. 指导学生读

(1)以读促悟。朗读是一种重要的阅读方法,低年段要重视朗读方法的指导,让学生在学习中掌握根据标点符号停顿、读出不同标点符号的语气等方法技能,通过朗读读出自己的理解。

(2)符号批注。一年级的学生做批注,可以主要以符号批注为主。教师引导学生在阅读过程中标出小节号,用不同的符号对有意思的、有疑问的词句圈点勾画,培养他们"不动笔墨不读书"的意识。还可以让学生积累摘抄相关词语。

(3)巧借图画。《课程标准》要求学生借助读物中的图画阅读。课外书中的插图大多生动、有趣,给孩子视觉上的享受,并且书中的图画基本上是对书本中重要内容的表达,所以,看图画也是另外一种阅读的方式。对于一年级学生来说,一幅幅生动、可爱、色彩鲜明的图片特别能引起阅读的兴趣。可鼓励学生阅读时关注插图,推测故事情节,感受人物情感。

2. 指导大人共读

(1)有"法"可依。给"大人"讲解教材特点,教材中的阅读材料,情节单一、回环、复沓等表现手法的运用,便于儿童语言学习与积累。可以引导学生关注文章体裁与写法。

(2)有章可循。教师介绍共读的方式方法和关注的侧重点,如关注阅读习惯:读书姿势要正确,引导学生学会"指读",或者"身坐正,双手拿书往外倾,眼离书本有一尺";关注朗读:配乐打节奏,共同感受语言的节奏和韵味;分角色朗读,全家齐上阵情景剧表演故事,竞赛朗读等。创设情境:角色扮演,体验阅读的魅力;活用插图:低年段的学生多以具象化思维为主,家长要充分运用阅读材料中的插图,深层激活学生阅读的认知兴趣和思维能量;思维辩证:可以和孩子共同讨论主人公的特点,还可以尝试修改结局,如阅读《下金蛋的鹅》时,共同讨论农夫杀了鹅之后日子会变成什么样,以及如果当初农夫没有杀鹅,结果又会如何。

(3)共读时光,用时间培育学生阅读热情与阅读思维;共情践行,引领孩子走出书本,真实体会书中描绘的情境,加深体验与感悟。如阅读《爱护地球》时,可让孩子说说自己可以如何保护地球,并在日常生活中践行。

(三)读多久——科学阅读

做好规划,每天定时阅读,养成阅读习惯。名著阅读课程化指导方案《和大人一起读》中提出,一年级的学生应该努力做到:阅读速度达到 60 字/分钟,每次能坚持阅读 15 分钟左右,每天阅读 30 分钟以上。一项以广州市一年级 430 名学生家长为调查对象的研究也显示,一年级阅读效果最佳的时间为每次 15—30 分钟,因此,教师可以跟学生和家长建议阅读时间,学生可根据本人实际情况进行调整。

(四)读得怎样——有效评价与反馈

1. 阅读评价——激励与监督

语文课外延伸阅读的评价也是对学生阅读的指导和促进。在课外整本书阅读过程中,教师的评价有着重要的意义。阅读评价有助于明确阅读目标,设立评价机制,激励持续阅读。笔者借助"摘星打卡"活动(见表1)有序指引,开展科学阅读。让学生从心理层面重视课外阅读,自我监督的方式也是习惯养成的有效方式。

表 1 "摘星打卡"表

阅读星,月之旅							
	一	二	三	四	五	六	日
第( )周							
第( )周							
第( )周							
第( )周							
能爱护图书,读书前洗手,读完书后工整收好	☆☆☆			能阅读时带着思考,圈圈画画,积累有意思的词语		☆☆☆	

续　表

		愿意与他人交流书中有意思或者有疑惑的地方	
能眼离书本一尺	☆☆☆		☆☆☆
		我一共收集了（　　）颗星星	☆

摘星 ☆ 指南：如果你能每天课外阅读15分钟以上即可获得一颗小星星。阅读过程中你有良好的阅读习惯吗？可以自己评一评，也可以请大人或者同伴帮你评一评（根据完成情况打勾）。一个月能收集30颗小星星，即可换取一份小礼品哦！

2. 阅读输出——开拓展示平台

在学生获得持续的阅读输入后，教师还可以开拓一些展示平台，让学生将自己的所思所想所得表达出来，增加他们读书的成功体验。

（1）开展线上交流会，增加表达机会。如笔者在教学《谁会飞》时，引导学生关注文本一问一答的特殊形式，做一回小诗人，说说其他动物的活动方式。大部分学生都积极踊跃地参与并创作出了如下想象力丰富、令人惊喜的儿歌："谁会舞？燕会舞。燕儿怎样舞？挥挥翅膀尽情舞。""谁会叫？蛙会叫。青蛙怎样叫？鼓起腮帮呱呱叫。""谁会跳？兔会跳。兔子怎样跳？竖起耳朵往上跳。"等。

（2）搭建课堂小舞台，展示交流。开展分享交流会，每天午间抽出5分钟时间，让学生轮流展示交流自己的收获，激发学生积极参与、共同交流的积极性：可以朗读，可以说感受，说疑惑，可以创编。一年级的学生喜欢新奇有趣的事物，特别爱参加各种活动。因此教师可以巧借活动激发阅读兴趣。

在教师的指引下，在家长的陪伴下，在丰富的展示活动中，相信阅读的种子会茁壮成长，开出缤纷的花。

三、无限延伸"∞"，"悦读"成长

（一）书籍内容无限延伸

为了保护一年级学生对阅读的热情，也为了提高学生的阅读效率，可以让学生有一定的选择权，结合自己的兴趣，挑选自己喜爱的书籍，感受阅读的魅力。读后学生推荐自己喜欢的图书，互相交换，参加图书漂流活动，制作阅读记录卡，记录自己的阅读轨迹，留下自己的阅读感悟，以此逐步扩大阅读量。

（二）阅读空间无限延伸

阅读空间可以由书内向书外真实世界延伸。学生可以在大人的陪伴下走访各地，领略书中所描写的风土人情，走入大自然，欣赏书中描绘的美好景象，还可以走进图书馆、书店静心阅读，在书香氛围中，用知识丰富自己的成长之路。

和大人一起，学生在无限的阅读时间和阅读空间里持续阅读，定会结出丰硕的智慧果实。

"和大人一起读"是一年级课外延伸阅读的一种阅读材料，更是一种阅读方法，一种阅读环境，一种阅读乐趣。校内，教师要抓住文本特点有意识地整体规划，针对学生和家长进行阅读方法、阅读内容、阅读时间的指导并开展阅读活动。校外，共读者必须在场予以及时指导、鼓励与帮助。相比较而言，家庭的阅读陪伴、辅助与鼓励尤其重要。课外阅读兴趣的培养、习惯的养成更多依赖于家庭阅读陪伴、辅助、鼓励与指导。希望家校携手,大小牵手,燃起阅读热情,让阅读之风萦绕校园内外,让阅读墨香飘散四溢,让学生在书香浓浓的阅读氛围中开启美好的人生。

参考文献
[1] 张清华,雷晓云.统编语文教材"和大人一起读"栏目的实施状况分析:基于对广州市430名小学一年级家长的调查[J].中小学教材教学,2019(7).
[2] 王浩君.和大人一起读:全四册[M].石家庄:花山文艺出版社,2018.

巧用"阅读链接",优化延伸式阅读教学

——以统编版《语文》四年级上册为例

上海市浦东新区明珠森兰小学　胡伊阳

摘要：延伸式阅读立足统编教材,构建"1+N+∞"的阅读体系,注重阅读策略的迁移和运用,而统编版语文教材从三年级开始编排了"阅读链接"栏目,将课文与生活、课内与课外联系起来。在教学中,巧用"阅读链接"中的内容,能够进一步发挥延伸式阅读的作用,提升学生的阅读能力,开阔学生的视野,从而提升学生的语文综合素养和能力。

关键词：阅读链接;延伸式阅读教学;小学语文

延伸式阅读注重阅读策略的迁移和运用,立足统编教材,构建"1+N+∞"的阅读体系,以"1"为基础,夯实课内文本教学与阅读策略指导;以"N"为踏板,推荐阅读书目,向课外延伸;以"∞"为目的,通过丰富的阅读活动,展示阅读成果,将阅读的快乐无限延伸,基于延伸式阅读框架体系,开展延伸式阅读教学能够让课内习得的方法真正学以致用。

在延伸式阅读教学中,以"快乐读书吧"为抓手,探索延伸阅

读,是教学中重要的一环,但除了"快乐读书吧",统编版语文教材根据课文内容和单元要素,从三年级开始所编排的新栏目——阅读链接,对于延伸式阅读教学的作用也是不容小觑的。

"阅读链接"是教材阅读系统的一个组成部分,有机、及时地将课文与生活、课内与课外联系起来,不仅有助于夯实课内文本教学与阅读策略指导,而且能拓展阅读边界,促进延伸阅读,对提升学生的阅读兴趣和发展语文素养都起到了积极的作用。下面以统编版《语文》四年级上册为例,谈谈如何巧用"阅读链接",优化延伸式阅读教学。

一、统编版《语文》四年级上册"阅读链接"内容分析

(一)编排情况

统编版《语文》四年级上册中共编排了四篇"阅读链接",分布在第三、第四、第六和第八单元,它们都出现在课后习题中,有的阅读内容是一个片段,有的是改写的文章,"阅读链接"选入的语段不仅从课文内容出发,契合了单元要素,还融入了阅读策略的使用,由课文内容向课外阅读延伸,引导学生利用阅读策略拓展课外阅读内容(见表1)。

表1 统编版《语文》四年级上册"阅读链接"编排情况整理

课 题	单 元	单 元 要 素	阅读链接	形 式
11 蟋蟀的住宅	第三单元	体会文章准确生动的表达,感受作者连续细致的观察	《燕子窝》	《森林报·夏》节选

续 表

课　题	单　元	单元要素	阅读链接	形　式
14 普罗米修斯	第四单元	1. 了解故事的起因、经过、结果,学习把握文章的主要内容 2. 感受神话中神奇的想象和鲜明的人物形象	《燧人取火》	《神话选译百题》改写
18 牛和鹅	第六单元（阅读策略单元：批注）	1. 学习用批注的方法阅读 2. 通过人物的动作、语言、神态体会人物的心情	《牛的写意》	《牛的写意》改写
26 西门豹治邺	第八单元	了解故事情节,简要复述课文	课文剧本	课文剧本开头

(二) 编排特点

1. 紧扣课文内容

"阅读链接"拓展的文章和单元人文主题、语文要素息息相关。如第三单元《蟋蟀的住宅》的"阅读链接"就编排了比安基的《森林报·夏》节选,第三单元的单元主题是"连续观察",单元要素是"体会文章准确生动的表达,感受作者连续细致的观察",通过对课内文章和阅读链接文章的对比阅读,学生能认识观察日记,为完成单元习作做准备。作为单元课文的补充,它还能够激发学生观察记录的兴趣,这也与"延伸式阅读"夯实课内教学的理念相符合。

2. 拓展课外阅读

统编教材"阅读链接"中的内容结合学生课内所学,选择了适合学生年龄段的课外阅读书目或片段来拓展学生的阅读范围，增加学生的阅读量。同一体裁的类文阅读、同一内容不同写法的文章比较阅读、课文所在的书目阅读、作者的其他书目阅读都有涉及。

二、"阅读链接"在延伸式阅读中的教学价值

（一）夯实"1"的指导过程

教读，即"精读"，在于学"法"、得"法"，是阅读教学中的"1"。在延伸式阅读教学中，依托统编教材"人文主题＋语文要素"双线结构，教师重视讲解、指导和示范，关注不同文体的不同阅读方法，结合每一册教材的单元要素与课文的不同题材，解读教材并进行有效的阅读策略与方法指导。

"阅读链接"就是运用阅读方法，进行知识能力迁移的实践平台。精读课文是教师指导学生学会阅读方法的过程，而阅读链接是应用策略的渠道之一。在延伸式阅读教学中，立足课内，用好"阅读链接"，能帮助学生巩固课内所学的阅读策略与方法，也就是夯实"1"的指导过程。

以四年级上册语文教材为例：第六单元是阅读策略单元，教师在这一单元中要指导学生学习"批注"这一阅读策略，而《牛和鹅》恰巧是第六单元的第一篇课文，学生刚刚接触批注，虽然课堂上已经记下了老师所教的四个批注方法，但缺乏真正的实践运用，还不能完全掌握批注的方法。学生通过阅读链接中《牛的写意》片段，不仅能感受到不同作家笔下的牛的不同特点，还能对"阅读链接"中的片段做批注，及时夯实所学的批注方法，教师在教学时可以引导学生再次梳理做批注的角度，对批注方法进行复习、巩固。

（二）拓宽"N"的阅读边界

在延伸式阅读教学中，除了夯实"1"的方法指导，还要带动"N"的阅读空间，"N"在阅读教学中是指运用阅读策略开展课外阅读。而"阅读链接"通过对教材文本阅读主题的补充，能拓展"N"的阅读边界。

"阅读链接"的补充在一定程度上做到了"以读扩读"，在单元要素的统领下，"阅读链接"所准备的篇目并不与课文内容完全相似，但是又契合单元主题。以四年级上册的《普罗米修斯》一课补充了《燧人取火》的内容，课文是西方神话故事，而补充的内容是中国神话故事，但从单元主题上分析，又契合"神话故事"的统一主题视野。"阅读链接"作为拓展性阅读的材料，它所设置的目的之一便是增加学生的阅读量，提升阅读品位。学生阅读能力的提升需要阅读量的不断累积，除了精读课内文章，课外文章的阅读不可或缺。"阅读链接"是一篇文章带动阅读一系列文章的体现。《燧人取火》讲的是燧明国里叫燧木的火树曲盘起来有一万顷地那么大，能够发出火光。圣人受到启发，模仿鸟类啄木，用木棍钻火，果然钻出了火。学生除了在课内文章中感受西方神话故事中"获取火种"的神奇之处，还能感受中国神话故事中"取火"的神奇之处。学生将取火过程进行比较，在交流中，感受到取火方式的不一样，进一步体会故事不同的神奇，从而找寻更多"获取火种"的故事，拓展阅读量。学生还能从补充的材料中发现《燧人取火》选自《神话选译百题》一书，教师在教学中可以适当补充这本书的相关内容，进行推荐阅读，引导学生赏读不同的神话故事，拓宽阅读边界，提升阅读兴趣。

(三) 提升"∞"的阅读体验

在落实完善"1＋N"的同时,延伸式阅读教学关注"∞"的实践,即注重阅读拓展,通过丰富的阅读活动,展示阅读成果,提升阅读兴趣,将阅读的快乐无限延伸,"∞"就是延伸式阅读的"悦读"。

如四年级上册第八单元《西门豹治邺》的"阅读链接"就安排了课本剧的开头。在学生学完课文后,教师可根据阅读链接的提示,引导学生感知剧本的特点以及行文格式,组织学生讨论怎样根据需要对课文进行适当改编。如:怎样将叙述性的人物语言转换为人物之间的对话?怎么设计相应的动作、表情,表现人物的内心或者突显其性格?

当学生对课本剧形式及内容有了一定的了解与思路后,布置学生分小组改编课文相关内容,并组织学生以小组为单位进行排练,最后全班展示交流。在班级中推选情节完整、表演得当的一组参加年级的课本剧比赛,并请全年级的同学欣赏,选出年级中的最优小组。通过《西门豹治邺》课本剧的成果分享交流,帮助学生在更大范围内锤炼阅读力量,感受阅读带来的快乐。

在教师的组织下,学生以丰富有趣的活动为落脚点,开阔视野、增长见识,提升思维能力、感受阅读的魅力,从而为终身阅读奠定基础。

三、"阅读链接"在延伸式阅读中的应用策略

(一) 巧设教学顺序

在统编教材的安排中,"阅读链接"设置在课后习题的最后,但

这并不意味着在教学时要等到整篇课文讲完后再展开"阅读链接"的教学活动,在延伸式阅读教学中,可以将"阅读链接"的教学镶嵌在课文学习中,根据不同的教学内容、不同的链接内容自由安排、灵活应用,发挥阅读链接的作用,取得良好的教学效果。

1. 设于课前,激发兴趣

教师可以根据教学节奏,将阅读链接的内容前置到导入环节,即在课文教学之前就引入相关内容,这样便于引发学生的阅读期待,从而让学生更好地进入课文教学的情境之中。

如在《普罗米修斯》一课的教学时,教师可以在导入环节就安排学生读一读《燧人取火》的小故事,感受中国神话故事中人类取火的情况,再引发学生思考:西方神话故事中,人类又是怎样获得火种的呢?以此来激发学生学习课文、阅读神话故事的兴趣。

2. 设于课中,深入理解

"阅读链接"中的内容和单元主题与单元要素息息相关,在教学中,可以将学习"阅读链接"的环节设在第一课时与第二课时的教学之间,适当与课文内容整合衔接,帮助学生理解课文。

如在教学《蟋蟀的住宅》一课时,需要引导学生围绕单元主题与单元要素,感受到"连续细致观察"的作用,但是单单学习课文内容,学生阅读的视野还不够广,对于作者"连续细致观察"的描写印象还不深刻,教师可以在第一课时结束前,运用课堂最后 3—5 分钟的时间,请学生读一读课后链接中的《燕子窝》片段,并将《燕子窝》与《蟋蟀的住宅》进行对比,以发现两者都对动物进行了连续细致的观察,善用拟人,使文章读起来生动有趣,感受"连续细致观察"的作用。

3. 设于课后,延伸阅读

编者在安排"阅读链接"时,选择了适合学生年龄段的课外阅读书目或片段来拓展学生的阅读范围。

如《普罗米修斯》"阅读链接"中的《燧人取火》选自《神话选译百题》一书，教师在教学完《燧人取火》的内容后，适当补充这本书的相关内容，向学生进行课外书目推荐，引导学生赏读不同的神话故事，拓宽阅读边界，提高阅读兴趣。

4. 多次使用，饱满课堂

将"阅读链接"镶嵌在课文学习中，课前、课中、课后多次使用，也可以获得很好的教学效果。

如在《蟋蟀的住宅》一课教学时，在第一课时结束前，教师可以请学生读一读课后链接中的《燕子窝》片段，感受"连续细致观察"的作用；在第二课时结束前，请学生再次读一读《燕子窝》片段，感受两篇文章的不同之处。《燕子窝》用日记的形式记录观察结果，《蟋蟀的住宅》则是将长期观察的结果整理成一篇文章，以此为契机提示学生注意日记的格式，为写观察日记作准备。

(二) 巧学阅读策略

统编版小学语文教材从三年级开始，每一册教材中都编排了阅读策略单元，如四年级上册第二单元是阅读策略单元，所学的阅读策略是提问；第六单元也是阅读策略单元，所学的阅读策略是批注。除此之外，每一单元都有相应的单元要素与单元主题，也是为学生感知文本、学习方法服务的，延伸式阅读中的"1"，便是要夯实课堂中阅读策略与方法的教学。

在延伸式阅读教学时，教师要通过"阅读链接"中的内容，关注学生对学过的阅读策略的实践运用，夯实阅读基础，提升阅读能力。如《牛和鹅》一课的课后链接为学生提供了《牛的写意》片段，同样是写牛,不同作家笔下的牛有什么不同的特点呢？基于这个问题,教师可以引导学生在阅读时用学过的方法进行批注,了解片段内容,在巩固阅读策略的同时,进行深入的思考。

(三)巧拓课外阅读

在延伸式阅读教学时,教师借"阅读链接"来巧拓课外阅读,开阔学生的阅读视野,使学生由学习一篇课内文章走向同一体裁的类文阅读、同一个内容不同写法的比较阅读、课文所在的书目阅读、作者的其他书目的阅读,从而提升学生的阅读素养,也就是进行延伸式阅读中"N"的拓展。

以四年级上册语文教材中的"阅读链接"为例,可以推荐学生阅读相关体裁的神话故事,阅读同一内容不同写法的书目等等(见表2)。

表2 统编语文四年级上册"阅读链接"书目推荐

课 题	推荐阅读书目
11 蟋蟀的住宅	《燕子窝》
14 普罗米修斯	《中国神话传说》
18 牛和鹅	《牛的写意》

(四)巧组拓展活动

"阅读链接"不仅仅能帮助教师进行课堂上的阅读教学指导,还能帮助教师提高学生的阅读兴趣,关注学生的阅读体验,鼓励学生积极主动参与阅读活动,也就是"∞"的悦读。

以《蟋蟀的住宅》为例,在跟学生一起学习完课文后,教师可带领学生学习"阅读链接"推荐的《燕子窝》,将《燕子窝》与《蟋蟀的住宅》进行对比,发现两者的不同之处在于《燕子窝》用日记的形式记录观察结果,《蟋蟀的住宅》则是将长期观察的结果整理成一篇文章,从而了解观察日记的格式,并开展"观察记录"活动,请学生选择一种易于观察的植物进行连续观察,并以图文并茂的方式完成观察记录单,根据观察记录单上的内容汇总成一篇观察日记。学习完第三单元后,可以开展"观察日记沙龙"活动,在班级内组织学生交流分享观察日记,了解不同植物的特点。

在教师的鼓励下,学生在活动中分享阅读经验,潜移默化地提升阅读素养,拓展阅读的广度与深度,达到学有所得、得有所获的目标。

将"阅读链接"与延伸式阅读教学相结合,能够探寻课内阅读到课外阅读的方法和策略,在提升教师的专业素养、提高教学的有效性的同时,促进学生阅读的有效性和持续性,促进学生阅读素养和能力的提升,使阅读效果最大化,真正实现从"阅读"到"悦读"。

参考文献

[1] 石兰芳.拓展语文课外阅读的有效策略[J].汉字文化,2019(22).
[2] 温儒敏."部编本"语文教材的编写理念、特色与使用建议[J].课程·教材·教法,2016(11).
[3] 杨艳琴.小学语文统编教材"阅读链接"的编排特点及应用[J].新课程研究,2020(28).
[4] 周亭廷.小学语文课本的"阅读链接"版块有效利用[J].科学咨询(教育科研),2020(08).

延伸阅读,轻叩童话的大门

——以统编版二年级语文教材为例

上海市浦东新区明珠森兰小学　冯佳慧

摘要：低年级是阅读习惯养成的关键时期,教会学生阅读方法,引导学生学会自主阅读尤为重要。童话作为儿童文学领域中的一种重要文体,以其丰富的想象力和创造力深受儿童的喜爱。基于童话在儿童心中坚实的"群众基础"以及教育、心理领域对于童话研究的深入,童话越来越成为小学语文教材中不可忽视的重要部分,统编版二年级语文教材中就有大量童话类课文。因此,笔者以童话为载体,引导学生习得阅读方法并将其迁移到课外阅读中。

关键词：延伸式阅读;童话教学;阅读方法

《义务教育语文课程标准(2022年版)》指出学生要具备独立的阅读能力,九年课外阅读总量应在400万字以上,其中一、二、三学段的课外阅读总量分别不少于5万、40万、100万字。同时,统编教材相比以往的教材更注重阅读向课外延伸,引导学生通过学习教材上的课文掌握阅读方法,鼓励学生运用学过的阅读方法进行"海量阅读"。教师想在课堂上帮助学生达到这些阅读量,显然是难以做到的,所以必须寻到一个途径将课堂上的阅读训练与课后的延伸拓展相整合。

整理统编教材的选文,不难发现教材编排时选取了大量童话故事,这些故事从儿童的视角出发,借助了想象,运用了夸张、拟人、象征的表现手法。因此,以童话为载体,引导学生开展延伸式阅读,这是一个很好的拓展学生阅读量、提高学生阅读水平的契机,让学生通过阅读童话故事学会阅读方法,体会阅读乐趣。

一、立足课堂,学习方法

(一)观察插图,猜猜读读

插图是教材的一个重要组成部分,相比其他版本的语文教材,统编版语文教材的插图尤其精美。不仅如此,这些插图还紧贴教材内容。在童话故事教学中,巧妙运用插图,既能帮助学生理解课文内容,又能提高孩子的阅读兴趣。

童话故事的情节曲折,故事中的人物往往个性鲜明,通过插图得以很好地体现。因此,在课堂教学的初始阶段,笔者会借助插图引导学生对课文内容有个大致了解。例如在教学二年级上册《狐假虎威》这个童话故事时,笔者先出示书本中的两幅插图,引导学生比较两幅插图的异同。同样画的都是老虎、狐狸和其他小动物,为什么第一幅图上的狐狸看上去畏畏缩缩、眉宇间都透露着慌张,而第二幅图片中的狐狸却看上去神气活现、得意扬扬?带着这个问题,学生进行了课文阅读。课后,还进行了"猜猜读读大挑战",笔者出示《狐狸和乌鸦》《骄傲的大公鸡》等童话故事中的插图,引导学生通过观察图片进行文本内容猜读,学生们兴趣盎然,纷纷抢着要阅读这些书籍。借助课本插图猜猜读读成功地吸引了学生的注意力,引发了学生的学习兴趣,为自主延伸阅读做好了铺垫。

(二)关注封面,了解内容

书本的封面往往会告诉读者许多关键信息。在阅读教学中,教师要引导学生学会观察封面。通过观察,孩子们能够对书本主要内容有个大致了解,同时,书名也会给予学生无限遐想。

统编版语文教材二年级上册第一单元中的"快乐读书吧"要求学生在阅读童话故事时,先读读故事的名字,猜猜故事主人公会有什么样的奇遇,然后再进行故事阅读。在"快乐读书吧"教学中,笔者没有采取以往以老师讲为主的教学形式,而进行了大胆尝试,让学生以小组为单位开展组内交流,引导学生通过关注书名了解书本内容。笔者将班级学生分成了 8 组,每组 5 人,每个小组都会得到一个装了书本名字的信封。学生每人都能拿到一张卡片,然后根据卡片上的书名提示进行故事内容的猜测。

在交流中,一个学生认为《一只想飞的猫》这个书名给了她深刻的印象,这本书可能讲的是这只猫平日里只有奔跑和跳跃的本领,直到有一天看见了小鸟在空中优美的舞姿,因此怀抱着这个梦想开始苦练飞翔的技艺。同样看到这个书名的另一个学生却对这个故事有另外的猜测,他联系到学过的课文《井底之蛙》,认为这只猫也许就像那只青蛙一样只能看到井底的世界,它渴望天空的自由,因此苦练飞翔。相同的文字引发了学生截然不同的猜想,这就是猜读的魅力。

根据书名猜读让他们对这个故事产生了强烈的好奇心,在与同伴讨论交流的过程中,好奇心被无限放大。拥有了好奇心,就拥有了阅读的动力,课外阅读的效果定能事半功倍。

(三) 借助图表,增加趣味

童话故事情节曲折,能够吸引学生的注意力,赋予他们无限的想象。抓住了童话故事的这一特点,笔者借助故事场景绘制图引导学生品读故事,了解故事发生的时间、地点等关键要素,为自主阅读打下基础。

例如在教学《雪孩子》这篇课文时,笔者引导学生先找出故事发生的时间和地点,然后自读故事内容,试着用彩笔描绘出故事的场景。绘画是大多数学生喜爱的表达方式,描绘故事场景必然是建立在学生读懂文本内容的基础上的。在阅读时,学生必须沉下心来,让自己沉浸在故事的海洋中。完成故事场景图后,笔者又引导学生说说自己是怎么画的、为什么这么画。此时,学生的语言表达能力在无形中也得到了训练。学生对于这类作业,兴趣盎然。

二、课外延伸,提升能力

《义务教育语文课程标准(2022年版)》指出:提倡少做题、多读书、读好书、读好书、读整本书,注重阅读引导,培养读书兴趣。由此可见阅读对于小学生的重要性。统编教材倡导以"精读＋略读＋自读"三位一体的阅读教学体系,精读课上给例子、讲方法,略读课上让学生自己读,把精读课学到的方法运用到略读课中,从而为自主阅读做好铺垫。阅读不仅在课内,课外阅读也很重要,语文学习的有效性就在于将课内外阅读进行有机整合。对此,笔者是这样尝试的。

(一)阅读同一个作家的作品

统编版语文教材二年级下册的第七单元是一个童话故事单元,包括《大象的耳朵》《蜘蛛开店》《青蛙卖泥塘》《小毛虫》这几篇童话故事,从学生的课堂反馈可以看出他们对于这些故事有着很高的学习热情。这几篇有趣的童话故事出自不同的作家,他们其实还写了很多有意思的童话故事。因此,笔者借助"了解作者"这一阅读记录卡的形式,引导学生在课后进行延伸式阅读。

阅读记录卡提示:这个故事的作者是谁?你对他有哪些了解?你还想知道关于作者的哪些信息?经过调研,你了解到他还写过哪些故事?这些故事讲的又是什么内容呢?

完成阅读记录卡后,笔者又引导学生在课堂上进行交流展示,向其他同学介绍作家、作品以及作品背后的故事。经过交流,学生发现有些作家很擅长写同一题材的故事。例如,乘风小组的8名同学发现作家冰波不仅写过《大象的耳朵》,还写过《嘟嘟熊的阳光》《爱写诗的大河马》《大山的帽子》等不少温情的童话故事,该小组围绕作家冰波展开了研究。

这样的阅读记录卡不仅能帮助学生了解作者和作品,激发学生的阅读兴趣,更能培养学生对于信息的搜集和处理能力,同时,语言表达能力也得到了提升。

(二)阅读同一种题材的作品

统编版语文教材二年级上册的第一单元由《小蝌蚪找妈妈》

《我是什么》《植物妈妈有办法》这几篇童话故事组成。学习了《小蝌蚪找妈妈》，学生知道了小蝌蚪是怎么长成青蛙的，懂得了动物生长的过程；学习了《我是什么》，学生知道了水在大自然中的循环；学习了《植物妈妈有办法》，学生更是懂得了植物播种的方式。这些童话无疑在学生心中埋下了科学的种子，让他们深深迷上了科学童话。正是看到了这一点，笔者引导学生由课内向课外拓展延伸阅读，通过读那些趣味十足、情感丰富的童话故事，了解大自然的奥秘；读《小猫刮胡子》了解胡子对于小猫咪捕捉猎物的重要性；读《换嘴巴》了解不同动物的嘴巴的作用；读《回家》了解新疆濒危动物雪豹悲伤凄美的故事。

  二年级是学生进入中年级的过渡期，大量的阅读能够为他们今后的语文学习积累素材，打下扎实的基础。通过一年级的学习，学生已经积累了一定的识字量，此时正是激发和培养阅读兴趣、提高阅读能力的关键时期。因此，笔者充分利用好每一次的课堂教学，借助猜猜读读、绘制图画等各种形式让学生感受到阅读的乐趣，引导学生向课外阅读延伸，丰富自己的精神世界。相信通过这样的课内课外阅读的有效整合，一定能够帮助学生获得足够的语言实践，让学生在读中感悟，在读中感受快乐。

参考文献

[1] 温儒敏.如何用好"统编本"小学语文教材[J].课程·教材·教法，2018(2).
[2] 索清梅.小学语文延伸阅读实践探究[J].中华活页文选(教师版)，2020(4).

小学语文延伸式阅读教学的建设路径

上海市浦东新区明珠森兰小学　邱　瑜

摘要：延伸式阅读教学在阅读教学中非常重要。而小学生又有自己独特的年龄特点,因此开展小学语文延伸式阅读教学建设路径的研究意义重大。本文首先对延伸式阅读进行了定义和作用分析,认为延伸式阅读能够加深理解、拓展思路,辅助学生预习和复习。在此基础上,探讨了具体的建设路径：关注课后资料袋,根据不同主题进行有区别的延伸,根据教材编排进行延伸。只有这样,才能进一步提升延伸式阅读教学的质量。

关键词：延伸式阅读；建设路径

语文教学分为几个模块,其中阅读教学在语文整体教学中所占比重较大,而在语文教材中,语文课程的学习也是以阅读文本为基础的。不同的语文课文有不同的特点,内容不同,写作手法也不同,对课文开展全面学习能够培养学生良好的阅读能力。面对大量的教材课例,教师的主要任务聚焦在帮助学生理清教材文本的思路,学习语文知识,培养语文能力,那么教材之外呢？学生是否学会了由此及彼,有方法地分析、理解？笔者认为,在进行阅读教学时,不仅仅要关注课文本身,也要通过课文向课外延伸,要从该课文的结构特点把握课文的文体特色,并借助课外延伸实现知识的融会贯通。

一、延伸式阅读的定义与作用

(一) 定义

在具体的阅读教学中,阅读教学的拓展延伸不仅是常态的课内向课外的拓展延伸,而且包括向教材中已学的文本、未学的文本以及课外的非连续性文本等资源的延伸。这些能够用来促进学生阅读能力的教学资源都可以称为拓展延伸的教学资源。阅读教学中的拓展延伸是引导学生将所学知识融会贯通的好方法,学生意识到知识、能力的相通性是学习的基础,有利于更好地学以致用。该定义统领了延伸式阅读教学的全部内涵,但是在实际操作过程中需要教师根据实际来开展,如何让理论走向实践,是一线教师应该考虑的。

(二) 作用

(1) 加深理解。教学是一门艺术,如何运用好语文教材内容就是教学艺术的体现。笔者认为在进行拓展延伸的过程中,不能仅仅将目光聚集在课外,也要瞄准课内,要学会用已学知识作为课堂导入的资源,让学生通过类比等形式了解课程内容,获得学习兴趣,将已学知识作为辅助学生学习新知识的工具,这样的方式较为简单实用。在阅读教学中,为了帮助学生更好地理解新知识,尤其是较为抽象的内容,运用已学的教学实例来辅助学生理解最为简单、方便。学生的学习技能是不断从低级到高级发展的过程,因此，教师找到学生已有知识的基点，有利于顺利地引导学生学习新材料，只有这样才能不断加深学生对文本的理解。

（2）拓展思路。在语文核心素养中，阅读能力是非常重要的一部分。阅读的过程是具有无限可能性的，通过内容的设置、方向的选择可以让学生在这个过程中进一步开阔视野，不断迸发出新的思路。语文学习具有发散性和开放性的特点，阅读教学中的拓展延伸环节就是这一特点的具体体现。在具体的教学实践中，拓展延伸环节有利于帮助学生培养思维的开放性和变通性，让学生把语文知识学得活、用得活。

（3）辅助预习、复习。教学环节不仅仅包括课堂，也包括课前预习和课后的复习。但这两个环节不能和课堂相比，一是没有教师进行更多的指导，二是缺少更多的时间来开展。那么，教师能否借助延伸式阅读来辅助预习、复习呢？教师在教学的过程中不仅可以利用新旧知识之间的联系引导学生及时复习巩固旧课，同样也可以在拓展延伸的环节帮助学生预习新课。这就需要教师在整体教学环节中建立自己的一整套教学体系，这样能够最大限度地帮助学生学习和理解知识，建立起知识之间的联系。

二、小学语文延伸式阅读的建设路径

（一）关注课后思考题和资料袋

课后思考题和资料袋对于进行拓展阅读非常重要，能够让更多同题材、同手法、同主题的阅读资料集合到一起，让学生获得更多的收获，学习到更多知识。在学校学习中，学生通过"课"的形式来完成学习，教师已经规划好了教学内容，笔者认为要更加关注教学的灵活性和多样性,让教学更加有效,而课后思考题和资料袋的加入就是非常好的一个举措。

在《观潮》一文的学习中,学生可以通过学习来了解钱塘江大潮时的壮丽景观,借助资料袋科学认知钱塘江大潮,但是这并不是唯一描述该景色的文章,在我国古代就有相关文章描述钱塘江大潮。例如课后思考题中的古诗《浪淘沙》,可以让学生通过反复诵读来感受大潮之壮观,学生从中也可以体会到文字展现出的力量。感受过后,学生再从文中找出与诗的内容相关的句子,可以更好地理解文中描述的场景,在阅读延伸中不断升华自己的情感。又比如在《为中华之崛起而读书》一文的学习中,可以借鉴周总理所写的其他作品来更清楚地了解周总理的爱国情怀,有了深切感受才能获得更好的学习效果。

(二)根据主题进行拓展

教材会把同一主题的课文编排在同一单元内,这也为我们的教学提供了非常大的帮助。在延伸式阅读过程中,根据主题进行拓展,可以不断强化阅读,提升学生的阅读能力和理解能力。以第七单元为例,这一单元的主题是"家国情怀",编排了《出塞》《凉州词》《夏日绝句》三首古诗和《为中华之崛起而读书》《梅兰芳蓄须》《延安,我把你追寻》等文章,通过不同文体来表达古往今来中华民族优秀儿女的强烈爱国情怀。主题确定以后,教师可以引导学生根据主题来进行延伸式阅读,阅读更多爱国文本。同时教师也可以让学生通过联想对更多同类型文章进行回忆。例如在学习完该单元的几篇课文后,教师可以组织对几篇文章所表达的爱国情怀进行组合阅读,了解古往今来的仁人志士是如何表现自己的家国情怀的;同时为学生推荐更多的描写爱国情感的作品,如《过零丁洋》《泊秦淮》《示儿》《长征》等,让学生体会同样的爱国情怀可以有不同的表达方式。在这个延伸过程中,教师是一个组织者,承担着引导的任务,要组织好整个学习过程,让学生通过延伸式阅读获得更大的收获。

(三)根据教材编排进行拓展

教材编写都是有一定思路的,教师应善于发现其中的规律和联系。如第四单元的神话故事和第八单元的历史人物,这两个单元基本以文言文、古代故事为主,这些故事大多是学生耳熟能详的,因此学生在进行阅读时也不会感觉到困难,大多会以平常心来学习。而在这一过程中,教师可以根据主题、文章类型、文章体裁来进行延伸阅读。例如这两个单元中都出现了一篇文言文,可以根据文言文的特点,让学生拓展阅读更多的古代诗词。还可以根据年代的不同,让学生阅读不同年代的古诗词,了解各个时期的文学特点,获得更加全面的知识。如读唐诗、宋词、元曲、清朝的词,学生可以通过细微之处了解其不同的韵味和相近的思想。又如,第四单元中的神话故事又可细分为中国神话故事和古希腊神话故事,虽然都是神话故事,但在文本的表达上是不同的,从而也体现了当时中西方人的思想差异。不过,仅仅从课本中学生难以深刻体会,光听老师说也只是表面理解,只有在时间允许的情况下再延伸阅读,才能真正感受并理解差异。

(四)向课外文本进行拓展

在进行延伸式阅读的过程中,不能仅仅将目光放到教材以及相关的读本上,还要把目光放到其他学科甚至课外。语文学科是一门基础学科,承担着非常重要的任务。阅读是绝大多数课程学习的手段,教材通过对知识点进行论述,让学生了解到这个知识点的内容以及如何使用。而课外文本的拓展,能够让学生从数量和种类上接触到更多,通过更为广泛的阅读使自己的知识储量提升,阅读能力提高,理解能力不断增强,能够使学习更为高效,不断提升个人的综合素质。如在教授《为中华之崛起而读书》一文时,教师要从爱国、读书等角度展开延伸,可以让学生通过阅读了解更多读书报效国家的人物,如钱学森、詹天佑、林则徐等。

三、结语

语文是一门内容丰富的学科,如何让课堂更加高效、让学生更加喜欢学习语文是每一位语文教师都应当思考的。在语文教学中,阅读由于其基础性被重点推进,本文则根据教学实际情况探讨了如何利用延伸式阅读教学来提升学生的阅读水平。当前,对于学生核心素养的培养已经成为教育改革的热点,而延伸式阅读教学在核心素养培养的过程中也必将发挥应有的作用。

参考文献

[1] 梁建国. 拓展延伸是构建开放式语文课堂的重要手段[J]. 中学语文,2008(30).
[2] 邵岩. 延伸阅读的理论依据与实践途径[J]. 语文建设,2017(17).
[3] 郭蕾. 小学语文延伸阅读教学的理论与实践思考[J]. 语文建设,2015(18).
[4] 陈刚声. 浅议语文教学中延伸阅读的开展[J]. 厦门教育学院学报,2006(2).
[5] 陈俊江. 文言文的延伸阅读[J]. 古典文学知识,2004(4).

小学高年级延伸式阅读的思辨引导

上海市浦东新区明珠森兰小学　蔡敏吉

摘要：小学高年级语文阅读不仅仅需要学生阅读文章内容、学习生字词、寻找主旨大意，还需要学生激活阅读和分析的自主性，理解文章的内涵，掌握分析文章的思路与技巧等。基于此，文中以如何激活学生阅读的内驱力为切入点，尝试从思辨引导层面切入，探讨小学语文的延伸式阅读之道。

关键词：小学语文；延伸式阅读；思辨引导

爱迪生曾指出，读书之于头脑，好比运动之于身体。语文作为语言类学科，要懂它的声、明它的意、感受到它的魅力，不仅仅是课堂35分钟，抑或借助课外作业、实践活动，更在于如何点燃学习者内心的明灯，如何使他们能真正"看到""听到""想到""感觉到""运用好"这种语言。"思—辨—编"作为学生与语文之间情感共通、意识共鸣的桥梁，需要教师以小学语文教材为载体，深入挖掘教材，拓展课外知识点，借语言延伸式阅读方式，为小学生提供开启语文殿堂的钥匙。

一、锁定教学延伸点,按学生学习经验差异引导

阅读是小学生了解世界、探索世界、明晰世界的重要途径之一。但从语文教学实践来看,不喜欢阅读的小学生却不在少数。很多教师和家长认为在幼儿阶段多给他们讲故事、读绘本,就有可能培养孩子们阅读的兴趣,然而事实往往与他们的期待相反。孩子们性格迥异、兴趣不同,他们中的部分有可能不喜欢阅读,却有可能喜欢思考、分享和倾听。

所以,在小学语文延伸式阅读有效实施的第一步,并不是教师或者家长选择类型丰富的课外阅读教材,或者按照课本教学要求设置主题性探索辅助作品,如课上学习了《飞向蓝天的恐龙》,课下就鼓励学生搜索与恐龙相关的作品阅读;也不是做好课上延伸式实践活动,如课上学习了《繁星》,就要求学生上网或者夜晚观察繁星——因为雾霾等因素的存在,在城市里很难看到星星,这样的要求会增加孩子们的阅读负担。

小学语文延伸式阅读的关键点,在于如何捕捉学生的"思",如何将学生的思维引入阅读对象中。阅读固然是小学生足不出户却能品鉴百味人生的轻轨,但从走马观花到醍醐灌顶,还需要教师多与家长沟通,通过观察学生日常在语言表达、知识储备等方面的一言一行,建立学生阅读个人档案,在不断地比对、分析之后,提取出学生的兴趣点,评估出学生的自主阅读能力、意识、水平、技能掌控情况以及学生的生活经验等,继而以此为圆点,为学生设计出阅读主题层。

以《海的女儿》一课为例,有的学生看过这个动画片,有的学生

听过《海的女儿》这个故事,有的学生并没有接触过《海的女儿》,在明晰不同学生的不同情况时,教师提供的延伸式阅读项目就必须有所不同:

(1)仅看过动画片的,教师可提出问题"中国有美人鱼么?中国的美人鱼长什么样子?有什么样的故事?有没有王子喜欢她们?",借助问题督促学生自主搜索西方美人鱼的相关信息,对比阅读中国故事"追鱼""鲛人系列"。

(2)有看过文字版或听过语音版《海的女儿》经历的,教师可让其观看动画片《海的女儿》《悬崖上的金鱼姬》,提出问题"中外美人鱼的区别是什么?为什么?"学生带着问题思考并搜索中国版"美人鱼"的相关信息和故事,帮学生补充知识,拓展思维。

(3)没有接触过《海的女儿》的,教师可让其自行阅读文字版故事,带着自己对文字版的认知,观看不同版本(包括黑童话、影音版)的《海的女儿》,通过比对思考为什么同一个故事,不同的人演绎的版本、内容、表达方式等存在不同。

在三类学生用不同的阅读方式、思路阅读材料后,教师可给出时间供他们互动交流、分享,探讨他们的所思、所想、所得。

所谓"一千个人就有一千个哈姆雷特",在性格、阅读能力、思考能力、分析能力、审美能力、知识储备、思想情感、道德水平等差异的影响下,每个学生在得到教师有针对性的拓展式阅读引导后,他们阅读的侧重点、困惑点、兴趣点必然有所差异,而这种差异正是他们"思"的归处和"辨"的开端。

从阅读到悦读,从走马观花到醍醐灌顶,小学语文延伸式阅读中的"思",不仅是集思拓思,还是帮助学生立足"罗马"看到"条条大路通罗马"的指明灯。每个学生的每一次小推荐、小评论、小评选、小提问,都是学生"思"萌芽的表现。在个人表达和他人评价的辅助下,学生将会逐步学会透过现象看本质、去粗取精、去伪存真、求同存异和举一反三,这恰恰是学生之所以需要阅读的关键所在。

二、辅辨阅读材料,家校协同筛选阅读材料

作为学生"好读书"的启蒙者和引路人,教师的确要迎合学生的兴趣和好奇点来设计延伸式阅读教学,但是此处的"迎合"并非毫无原则的"放羊""放任"。

近些年在教育改革的促动下,越来越多的教师尝试放手教学,将听、说、读、写训练适量地传递给学生,让学生自己尝试,此种方式固然契合核心素质教学改革的要求,但依靠的是学生的自主督查能力。小学生的价值观、自律性、世界观等尚未成形,加之使用互联网搜索信息的方式很有可能成为学生趁机用手机看电影、玩游戏、看视频的借口和契机,所以,教师在为学生设置具有差异化的主题性阅读内容之后,也要与家长沟通好,运用好亲子阅读时间,帮学生把控阅读时间,筛选阅读内容(学生自行使用关键词搜索到的信息庞杂,优劣参半)。

当然,教师或者家长辅助学生筛选阅读对象并不意味着要"替、代",而是要在学生带着教师所给的任务及自己的思考搜索信息时,告诉他们应该如何搜索、如何筛选、如何分辨哪些材料有阅读价值等。告知和讲解不是灌输,而是用学生的搜索方式、过程、结果现场说法,让学生既能知其然,也能知其所以然。否则离开教师和家长这个"拐杖",学生依旧不会"走路"。

三、启迪学生知人论世，师生共读领悟材料精神

不同年级的小学生思辨能力不同，教师在为学生提供延伸式阅读教学引导时，要注意这一点。比如低年级的学生，教师要侧重生字词、阅读材料中思想感情如何承载和表达的、表达方式与字词的关联性等的引导，让学生能透过文字看到文字巧妙配搭的神奇，从低年级就培养学生"推敲"字词的良好习惯；对于三四年级已经对语文知识、语言运用技巧等有所掌握的学生，教师要从情感表现的角度发挥知人论世的教学效能，将薄薄的一篇阅读材料有血有肉地丰厚起来，学生在阅读时，不仅能感受到一个个平平无奇的文字配搭起来的趣味性，还能透过文字与作者隔空相约，依"境"谈欢。

以《题西林壁》为例，在这首诗的延伸式阅读中，教师可提供或者让学生自行搜索、整理作者的生平、写作背景材料（主要是作者写《题西林壁》时的心绪、情感、行为等），以便学生从作者个人、其所处时代的微观与宏观层面来体味和感知作者创作的原因、想表达的内容。目前互联网上有极为丰富的音频、视频资料可为《题西林壁》这类诗歌鉴赏提供辅助，除这类资料外，教师还可从历史、地理、科学、哲学等多个学科入手，引导学生思考和分析为什么"不识庐山真面目，只缘身在此山中"。教师可假设命题让学生自行研究、分析、探索，如：

（1）如果在庐山之外，比如在其他山上，能看清庐山真面目么？

（2）带入其他山，如泰山、衡山，可不可以说"不识×山真面目，只缘身在此山中"？如果可以，这首《题西林壁》的特色在哪里？如

果不可以,理由是什么?

诸如此类的问题,同样可以成为学生思、辨的延伸式引导要素,成为学生延伸式阅读的发端。

四、多角度提供延伸方式,尝试创编引导思辨表达

"学有所思,思需所发"是学生阅读中惯有的思维趋向。正所谓"我手写我心",当学生可以听、说、读后,教师要考虑如何多角度地为学生提供表达的途径及技巧,这是语言延伸式阅读的升华,也是学生检验自己阅读成效的重要契机。

根据学生的阅读途径和行为,教师可以提供如下的创编方式:

(1)课本习作内容的延伸:统编版小学语文教材的单元习作与单元课文关联密切,教师可以单元主题为核心,进行阅读内容延伸和学生仿写活动的针对性设计。如四年级上册《小小"动物园"》,教师除鼓励学生阅读与小动物有关的小文章外,还可让学生选择自己喜欢的进行仿写。在学生仿写后,教师与其他学生投票选出优秀的文章,邀请文章的主人说一说自己的构思和灵感和推荐篇目,为其他学生提供可借鉴的写作经验和思路。

(2)重要节日的延伸阅读与创作:小学生的生活经验较少,从引导其多角度认识语言魅力和五育并举培养其综合素质等角度出发,教师可运用好特殊节日为学生提供多样化的创作和社会实践机会。比如"党的生日",教师可组织学生阅读我党领导人的作品,诸如毛泽东诗词、李大钊和陈独秀等的名篇等。学生参观、仿写、摘录等可成为学生日后创作的素材,学生将自己阅读到的内容朗诵制作成有声读物,传递给留守儿童、社区老人等,也便于学生体

验奉献、助人的乐趣。此类活动中学生的创作和创编也是学生培养语感,增强对优秀佳作记忆、体验和理解的重要方式。

参考文献

［1］曲佳.小学语文拓展阅读教学有效方法探析［J］.读写算,2021(36).
［2］惠丹丹.立足课内　拓展课外:浅析小学语文阅读教学的有效开展［J］.课外语文,2021(34).
［3］朱凯雯.拓展阅读运用于小学语文教学的策略分析［J］.小学生(中旬刊),2021(11).

小学语文课内阅读向课外阅读有效延伸的探索与实践

上海市浦东新区明珠森兰小学　顾思语

摘要：小学语文的阅读教学十分重要,阅读不仅能够提高学生的理解能力,还能帮助学生全面提高其综合素养。在平时的课堂教学中,延伸式阅读教学可以有效扩大学生的阅读量,提高学生的读写能力,只要积极地去激发学生的课外阅读兴趣,科学地指导学生掌握正确阅读方法,学生的思维发展也能得到促进。因此,本文主要介绍小学语文课内阅读向课外阅读有效延伸的探索与实践。

关键词：小学语文；课内阅读；延伸阅读

阅读在学生的全面发展和终身发展中的重要地位。学校课题组老师们对"小学语文延伸式阅读"开展教学研究,由"延伸"一词可以对小学语文延伸式阅读教学的内涵进行充分挖掘,教师应依托小学语文教材内容,即以课本为主向学生实施阅读教学活动。从某种意义上而言,小学语文延伸阅读可以被视为教师引导学生进行课本之外的阅读教学活动。

在实际教学中,存在学生阅读面窄、课外阅读量小的问题,这在很大程度上影响了学生今后的发展。要学好语文,仅在课堂上学是远远不够的,学生的语文素养和阅读能力,需要在大量的阅读中长进。因此要树立大语文观,立足于课内,延伸于课外,注重课外知识点的渗入,融会贯通。

那么,教师应如何引导学生从课内向课外延伸阅读?如何实现阅读的有效性呢?下面笔者将根据小学语文三年级延伸式阅读的实践探索,简要阐述几点做法。

一、创设多元的阅读形式

在小学语文延伸式阅读教学实践中,教师应立足于课本,为学生创设多元化的延伸式阅读教学形式。所选教材能确保教师所实施的延伸式阅读教学符合学生的认知水平和身心发展的客观需要,使延伸式阅读教学有的放矢。

以三年级上册第三单元"童话故事"《在牛肚子里旅行》为例:《在牛肚子里旅行》是统编版教材三年级上册"童话王国"中的一篇课文。作者发挥想象,将"牛反刍"这个小知识写成了一篇有趣的科学童话。这节课的教学重点在于"想象"和"分角色读好对话"。

(一)角色扮演(分角色朗读)

此类教学形式能使学生在做中对阅读内容形成深度理解。教学中,教师需要创设情境,带着学生经历"红头在牛肚子里的惊险",引导学生感受"青头得知最好的朋友在牛肚子里时的那份着急以及对红头的安慰鼓励",入情入境体验,使朗读训练落到实处。

从阅读到悦读

师：通过圈一圈、画一画，我们理出了红头在牛肚子里的旅行路线。进了牛肚子的红头和在牛肚子外的青头，它们俩都非常着急，它们在说什么呢？让我们听一听它们的对话。

（出示学习要求：① 快速读课文，画出红头进到牛肚子后与青头说的话；② 思考如何读好对话。）

师：红头进入牛肚子后，和青头的对话主要集中在哪些自然段？

生：第8—16自然段。

师：请两位同学读这些对话。自己先练读一下，把生字词读准，句子读通顺。

（出示句子："救命啊！救命啊！"红头拼命地叫起来。）

师：你读这句话的时候，关注到了什么呢？

生："救命"后面有两个感叹号。我觉得要读出感情。

生：我觉得在危险情况下，他的声音不够响亮。

师：我想采访一下，你怎么这么会读书？好方法能分享给大家吗？

生：这句话后面的提示语中写着"拼命地叫"，所以要读得响亮，读出"拼命"的感觉。

师：现在大家都是红头，此时你正在牛肚子里，随时会有生命危险。让我们一起拼命呼救——

（生齐读）

师：读得太棒了，大家关注到了提示语中的关键词，就能更好地把握读对话的情感。看看哪些提示语对你的朗读有帮助，圈一圈，再读好这些对话。

（生圈画、练读）

师：文中还有许多没有提示语的对话，又该如何读好它们呢？

（出示句子："红头！不要怕，你会出来的。我听说牛肚子里一共有四个胃，前三个胃是贮藏食物的，只有第四个胃才是管消化的！"）

（出示句子："当然有用，等一会儿牛休息的时候，它要把刚才吞进去的草重新送回嘴里，然后细嚼慢咽……你是勇敢的蟋蟀，你一定能出来的。"）

师：你们发现了吗？把自己想象成红头的好朋友，朗读时自然而然就有味道了。接下来，我们分角色读好这些对话，还可以加上动作。待会儿我们展示。

（展示评价）

师：在牛肚子里旅行的惊险让我们为红头捏了把汗，但我们更被青头对朋友的情谊感动。课后，希望同学们能够把这个有趣的故事分享给更多的人。

(二) 任务型的小组合作

这种学习形式可以有效激活学生的思维并能提升学生自主阅读的效果。在课堂总结环节，设置学生小组合作活动："牛肚子里的旅行惊险异常，逃生成功的红头一定有许多话想对青头说，文中的红头来不及说完感谢的话语，你能帮它说给青头听吗？请大家小组合作，发挥想象，帮红头把感谢的话写下来，变成一封感谢信吧。"

在这篇课文中，正是因为有了青头，红头的"惊险之旅"变成了它们之间的"友谊之旅"。童话传达着美好寄托，这一场旅行最终有了温馨的结局。通过多元化教学方式,学生达成了学习目标,激发了阅读童话的兴趣。笔者也趁此告知学生这篇有趣的童话故事其实是张之路爷爷创作的一篇科学童话,像这样好玩的科学童话还有很多,比如《沙丁鱼巴新》中就有另一位朋友——可爱的沙丁鱼,学生们发现科学童话中不但有奇妙的故事,还能增长知识,阅读兴趣浓厚。

二、学会基本的阅读方法

(一) 指导学生做好批注

在学习预测单元时,学生学会了在课文内容旁写批注的方法,课堂上笔者会有意识地让孩子们写批注,批注可以是对某句话的理解,对修辞手法使用的领悟,对写作特色的体会,或疑问或赞美等感受。这样可以帮助学生养成良好的阅读习惯,加深对阅读材料的理解和体会。

这一方法也可以让学生运用到课外阅读中去。例如:哪句话描写精彩、哪句话含义深刻、哪处细节描写打动了你、哪个词语用得贴切等等,都可以圈一圈,并在一旁做批注。长期坚持,养成习惯,这样学生带着探索的目的去阅读,会有更好的阅读感受、更多的阅读收获。

(二) 指导学生做摘抄

笔者准备了专门的笔记本发给学生随时摘抄下书中的好词好句,及时记下读书时的感想和收获。在学习《富饶的西沙群岛》一课时,课文中有许多描写海水、海底生物等的好词好句,笔者让学生摘抄课内好词好句的同时,鼓励学生课外阅读积累,摘抄描写"水"与"生物"的好词好句。

(三)尝试交流与分享

课堂上教学课文时,教师总会在难懂处设计问题,通过学生的讨论,教师的点拨让学生获得感悟,加深理解。这一方法也可以落实到课外阅读中去。如:在教学完《不会叫的狗》一文后,学生们对结局非常感兴趣,笔者就让他们课后找原文读。两个星期后让学生带上自己的读书笔记进行课堂交流。学生各抒己见,在浓浓的学习气氛中交流心得,教师只需稍作引导,就可以在轻松愉快的氛围中收到特别好的读书效果。

三、选择合适的阅读材料

合适的阅读材料能激发学生的阅读积极性,在课外延伸阅读过程中,作为阅读主导者的教师应帮助学生做好选材工作,推荐学生感兴趣的阅读材料。兴趣是学生阅读的动力,"兴趣"引导他们对课外读物做出选择。

根据三年级学生的心理、年龄特点,他们有了一定的想法与审美能力,喜欢画面有冲击力,读物内容构思新颖,最好是既富有新鲜知识又能怡神悦志。挑选时必须注意适合学生的年龄特点和认识水平及儿童健康成长的需要,教师和家长帮助筛选合适的课外读物。

教师只有指导学生广泛地阅读童话、百科、历史等通俗少儿读物,才能实现博览群书、厚积薄发的宗旨。阅读材料的来源应该是

从**阅**读到**悦**读

多途径的,除了读各种各样的书籍,还可以"读"现代高科技产品,例如电子书、电脑网络中的相关信息,让学生在课外阅读的天地里自由驰骋……心理学家布鲁纳提出:学习的最好刺激乃是对所学材料的兴趣,高效率的阅读教学,首先得益于学生所喜闻乐见的恰当的阅读材料。

每一篇课文阅读的内容都会牵涉许多相关的问题,可以此作为课内阅读向课外阅读延伸的起点,抓住与课文相关的问题,或是作者,或是原著,或是历史背景,或是地理环境,或是课文叙述的人和事,将课内阅读延伸到课外阅读。如:教师指导学生学习了三年级上册第二单元描写秋天的诗《山行》《赠刘景文》《夜书所见》,可由此辐射开,鼓励学生去读杜牧、苏轼、叶绍翁其他的诗,借此引导学生课外查找描写春、夏、冬的古诗,积累、摘抄古诗。学了《搭船的鸟》一课,可以鼓励学生去搜集有关翠鸟的知识,或扩展开去,了解其他鸟类,知道鸟的习性、特点。这样既教给了学生搜集材料的方法,又扩大了学生的阅读量,丰富了学生的知识,开阔了学生的视野。

要想提高学生的阅读水平,必须创造适合学生阅读的条件。学生充分利用学校图书馆,定期借阅图书,也会将自己喜爱的书籍拿来与同学交换阅读,这样就使读书内容不断更新,阅读量大增。

总之,延伸式阅读已经是小学语文阅读教学的一个重要组成部分,语文教学要紧跟时代,积极地去激发学生的课外阅读兴趣,科学地指导学生掌握正确的阅读方法,丰富学生的人文素养,促进学生的思维发展,去开辟课外阅读的广阔天地。

参考文献

[1] 周新民.浅谈小学语文课内外阅读的有效衔接策略[J].科学咨询(科技·管

理),2020(3).
［2］于桂芹.小学语文课内外阅读的有机结合研究[J].课程教育研究,2019(52).
［3］林慧芹.浅谈小学语文课内阅读和课外阅读的结合与教学指导[J].语文课内外,2018(34).
［4］桂春霞.小学语文课内教学向课外阅读有效延伸策略[J].新课程(上),2019(6).
［5］李慧颖.浅谈小学语文课内外阅读衔接策略[J].新课程(上),2016(6).